Liebe Lehrerinnen und Lehrer,

die bundesweiten Vergleichsarbeiten (VERA) zur Lernstandserhebung sind in der Grundschule mittlerweile zu einem festen Bestandteil geworden. Sie werden jährlich gegen Ende der dritten Klasse durchgeführt und sollen das Erreichen der Bildungsstandards überprüfen sowie Hinweise zur Verbesserung der Lernleistungen und für die Weiterentwicklung des Unterrichts geben. Dazu gehört auch die Verbesserung der Diagnosegenauigkeit.

Sich über einen längeren Zeitraum auf Aufgaben zu konzentrieren, ist für viele Schülerinnen und Schüler ungewohnt und anstrengend. Das gilt auch für die Erfahrung, unter Zeitdruck zahlreiche, zum Teil noch unbekannte Aufgabenformate ohne Hilfsmittel bearbeiten zu müssen.

Mit den vorliegenden Lernstandserhebungen möchten wir Ihre Schülerinnen und Schüler und Sie selbst unterstützen:

- Den Schülerinnen und Schülern sollen die Lernstandserhebungen helfen, sich mit sorgfältig ausgewählten Aufgaben, wie sie auch in den Vergleichsarbeiten verwendet werden, **auf Testsituationen vorzubereiten**. Möglicherweise vorhandene Ängste können so abgebaut und es kann Sicherheit gegenüber zukünftigen Testsituationen gewonnen werden.
- Bei Ihrer **täglichen förderdiagnostischen Arbeit** sollen die Lernstandserhebungen Sie unterstützen und dabei helfen, aktuelle Lernstände und vorhandene Kompetenzen Ihrer Schülerinnen und Schüler in den verschiedenen inhaltlichen Bereichen einzuschätzen und den individuellen förderdiagnostischen Bedarf zu ermitteln.

Die Aufgaben sind an den KMK Bildungsstandards sowie den Lehr- und Bildungsplänen der Bundesländer orientiert und fokussieren die dort beschriebenen Lernziele und zu erreichenden Kompetenzen.

Im **Auswertungsbogen** werden neben den **Aufgabenlösungen** das jeweilige **Niveau** der Aufgabe sowie die jeweils fokussierten **Fähigkeiten, Fertigkeiten und Kenntnisse** beschrieben, die zur Aufgabenbewältigung im Wesentlichen benötigt werden.

In Anlehnung an die drei in den KMK Bildungsstandards angeführten Anforderungsbereiche „Wiedergeben", „Zusammenhänge herstellen" sowie „Reflektieren und beurteilen" (vgl. Bildungsstandards im Fach Deutsch für den Primarbereich, Beschluss vom 15.10.2004, S.17) und die VERA-Fähigkeitsniveaus 1–3 (vgl. VERA, Hinweise zur Weiterarbeit, Erläuterungen zu den Deutschaufgaben 2009, S.2) sind den Aufgaben der vorliegenden Lernstandserhebungen drei Niveaustufen zugeordnet, die entsprechend *grundlegende*, *erweiterte* und *fortgeschrittene* Fähigkeiten erfordern.

Niveau 1: „Wiedergeben" → erfordert grundlegende Fähigkeiten

Das Lösen der Aufgabe erfordert die Wiedergabe bekannter Informationen und die Anwendung grundlegender Verfahren und Routinen.

Niveau 2: „Zusammenhänge herstellen" → erfordert erweiterte Fähigkeiten

Das Lösen der Aufgabe erfordert das Erkennen von Zusammenhängen, das Verknüpfen von Informationen sowie das Anwenden erworbenen Wissens und bekannter Methoden.

Niveau 3: „Verallgemeinern, reflektieren und beurteilen" → erfordert fortgeschrittene Fähigkeiten

Das Lösen der Aufgabe erfordert den Umgang auch mit neuen Sachverhalten und das Entwickeln eigenständiger Beurteilungs- und Lösungsansätze.

Der Auswertungsbogen der Lernstandserhebungen bietet darüber hinaus Platz für Ihre **Beobachtungen und Notizen** zur Einschätzung des jeweiligen Lernstandes des Kindes im Rahmen Ihrer förderdiagnostischen Arbeit.

Den Schülerinnen und Schülern ermöglicht ein einfaches Smiley-System auf den Testseiten die **Selbsteinschätzung** und schafft so eine Basis zur Reflexion des eigenen Lernstandes. Gemeinsam mit dem Kind können anschließend die Ergebnisse aus der Selbsteinschätzung und Ihre Einschätzungen aus dem Auswertungsbogen in einem förderdiagnostischen Gespräch zu einem Gesamtbild zusammengefügt und Lernziele sowie nächste Lernschritte vereinbart werden. Dabei kann es im Sinne einer dialogisch orientierten Förderdiagnostik sehr aufschlussreich sein, nach Lösungswegen und Erklärungen bei falsch gelösten Aufgaben zu fragen, um Einblicke in die Denkwege Ihrer Schülerinnen und Schüler bei der Lösung einer Aufgabe zu bekommen.

Die Lernstandsseiten erheben nicht den Anspruch, eine kontinuierliche Beobachtung und Dokumentation des Lernverlaufs sowie förderdiagnostische Maßnahmen zu ersetzen. Sie können aber einen wichtigen Beitrag zu Ihrer alltäglichen förderdiagnostischen Arbeit leisten.

Ihr Cornelsen Verlag

Erarbeitet von:	Rüdiger-Philipp Rackwitz
Redaktion:	Birgit Waberski
Illustrationen:	Gabriele Heinisch
Layout und technische Umsetzung:	Birgit Riemelt, Panketal

Liebe Schülerin, lieber Schüler,

mit diesen Aufgaben kannst du herausfinden, was du schon gut kannst
und was du noch üben solltest.

Bearbeite die Aufgabenblätter so:
1. Schreibe deinen Namen und das Datum oben auf jedes Blatt.
2. Lies dir die Aufgabe in Ruhe durch.
3. Bearbeite die Aufgabe.
4. Wenn du bei einer Aufgabe nicht weiterkommst,
   mache bei der nächsten weiter und versuche es später noch einmal.
   Du kannst auch jemanden um Hilfe fragen.
5. Wenn du eine Aufgabe bearbeitet hast, kreuze an,
   wie leicht oder wie schwierig du sie findest:

   Diese Aufgabe
   ☺ kann ich gut lösen
   😐 kann ich nur zum Teil lösen
   ☹ kann ich gar nicht lösen

Es gibt verschiedene Aufgabenarten:
Bei manchen Aufgaben sollst du die richtige Antwort ankreuzen.
Beispiel: Was hängt in der Schule? Kreuze an.

  ☐ Waffel   ☒ Tafel   ☐ Tante

Meistens ist nur eine Antwort richtig. Wenn mehrere Antworten richtig sind,
steht in der Aufgabe „Kreuze **alle** richtigen Antworten an".

Bei manchen Aufgaben sollst du etwas in einem Text **unterstreichen**
oder ein falsches Wort **durchstreichen**.

Beispiele: Wort   ~~Wort~~

Bei manchen Aufgaben sollst du die Antwort **aufschreiben**.
Bei Aufgaben mit einer kurzen Schreiblinie reicht es, ein oder zwei Wörter
aufzuschreiben. Bei längeren Linien solltest du einen oder mehrere Sätze
schreiben.

Viel Spaß und viel Erfolg!

Name: Datum:

1   Ordne die Wörter nach dem Alphabet und
schreibe sie in der richtigen Reihenfolge auf.

Dachdecker	Stuhl	Bett	Stahl
Kurve	Freundin	Banane	Ball
Kiste	Freund	Salz	Dachfenster

_____

_____

_____

_____

_____

_____

2   Schreibe die Sätze in der Vergangenheit (Präteritum) auf.

Max geht einkaufen.

_____

Leonie hat Geburtstag.

_____

 kann ich gut lösen   kann ich nur zum Teil lösen   kann ich gar nicht lösen

Name: Datum:

3 Lies den Text und schreibe ihn mit richtiger Großschreibung
und richtiger Kleinschreibung ab.

DER FELDHASE IST EIN PFLANZENFRESSER. ERST

AM ABEND KOMMT ER AUS SEINEM NEST UND GEHT

AUF NAHRUNGSSUCHE. ER FRISST RÜBEN, WURZELN,

GETREIDE, ABER AUCH BAUMRINDE. DER FELDHASE

GEHÖRT ZU DEN GEFÄHRDETEN TIERARTEN, DENN

SEINE LEBENSRÄUME WERDEN DURCH DEN MENSCHEN

IMMER WENIGER.

_____

_____

_____

_____

_____

_____

_____

_____

_____

4 Unterstreiche in dem Text alle zusammengesetzten Nomen.

Wie ist mein Ergebnis?

5 Schreibe die Sätze ab. Ersetze dabei das Subjekt durch das passende Personalpronomen.

Die Ampel ist rot.

_____

Das Haus steht auf einem Berg.

_____

Sophie geht durch den Park.

_____

6 Bilde Nomen aus den Verben und Adjektiven. Verwende dazu die Wortbausteine **-ung, -heit, -keit** und **-nis**.

gründlich   *Gründlichkeit* _____

bedeuten   _____

schön   _____

erlauben   _____

gemein   _____

erholen   _____

geheim   _____

fähig   _____

Gut gemacht! Jetzt hast du alles geschafft!

☺ kann ich gut lösen   😐 kann ich nur zum Teil lösen   ☹ kann ich gar nicht lösen

Name: Datum:

1 Bilde mit den Satzgliedern Sätze und schreibe sie auf.
Beachte die Großschreibung und die Zeichensetzung.

in den Tierpark / machen / Melissa und Max / einen Ausflug

begleitet / sie / ihr Vater

mit der Straßenbahn / fahren / sie

Ezgi und Göksel / vor dem Eingang / sie / treffen

die Gorillas und Elefanten / sie / zusammen / besuchen

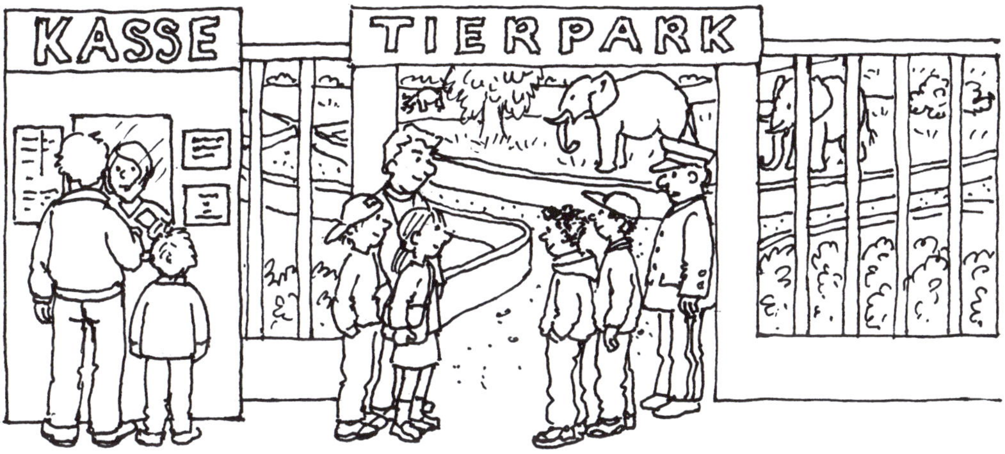

_____

_____

_____

_____

_____

_____

_____

_____

2 Unterstreiche in deinen Sätzen das Subjekt blau
und das Prädikat rot.

Name: Datum:

3 Bilde die Personalformen zu den Grundformen.

Grundform	gehen	ziehen	drehen
ich			
du			
er, sie, es			
wir			
ihr			
sie			

4 Schreibe die Sätze in der Zukunftsform auf.

Luca und Jarno besuchen Lilli.

_____

_____

Im Laden kaufen sie einen neuen Fußball.

_____

_____

Am Nachmittag fahren sie mit den Fahrrädern zum Fußballplatz.

_____

_____

Wie ist mein Ergebnis?

5 Ergänze die weiblichen Formen. Schreibe in die Tabelle.

| der Polizist | der Verkäufer | der Arzt | der Lehrer |

weiblich Einzahl	weiblich Mehrzahl

6 Ergänze die Wortbausteine mit den Endungen **-isch, -ig, -lich** und schreibe die Adjektive auf.

stürm-   *stürmisch*

gift-   _____

kom-   _____

ärger-   _____

richt-   _____

regner-   _____

wirk-   _____

Gut gemacht! Jetzt hast du alles geschafft!

☺ kann ich gut lösen   😐 kann ich nur zum Teil lösen   ☹ kann ich gar nicht lösen

Name: Datum:

Wie ist mein Ergebnis?

1 Bilde die Mehrzahl zu den Nomen.
Schreibe sie mit ihrem Artikel auf.

Einzahl	Mehrzahl
die Verletzung	
das Hindernis	
die Entfernung	
das Zeugnis	
die Wohnung	
das Erlebnis	

2 In jeder Zeile ist ein Wort falsch getrennt. Streiche es durch.
Schreibe das Wort richtig getrennt darunter.

Au-ge   Nas-e   Hän-de   Bei-ne

_____

Tast-a-tur   Com-pu-ter   Mo-ni-tor

_____

ver-ges-sen   aus-fü-llen   an-zie-hen

_____

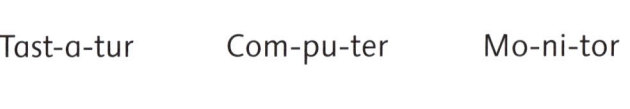

Wie ist mein
Ergebnis?

3 Bilde zu jedem Verb ein Adjektiv mit der Endung **-bar**.
Ergänze die Sätze.

Die Straße kann wieder befahren werden.

Die Straße ist wieder _befahrbar_____.

Das Rätsel kann gelöst werden.

Das Rätsel ist _____.

Wir können den Bus noch erreichen.

Der Bus ist noch _____.

Diesen Pilz darf man essen.

Dieser Pilz ist _____.

4 Schreibe die Wörter in die richtige Spalte.
Ergänze die fehlenden Wörter.

am mutigsten	am dünnsten	hart	enger

schnell	schneller	am schnellsten

Name: Datum:

5   **ss** oder **ß**? Schreibe in die Lücken.

grü____en   kü____en   mü____en   gie____en

drau____en   hä____lich   sü____lich   scheu____lich

Se____el   Spa____   Wi____en   Strau____

6   Schreibe die Sätze mit nachgestelltem Begleitsatz auf.
Achte auf <u>alle</u> Satzzeichen und auf die Großschreibung
und die Kleinschreibung.

Der Schaffner ruft: „Die Fahrkarten bitte!"

_____

_____

Steffen erzählt: „Gestern war ich im Schwimmbad."

_____

_____

Lina fragt: „Hat jemand meinen Stift gesehen?"

_____

_____

Gut gemacht! Jetzt hast du alles geschafft.

Auswertungsbogen Lernstandserhebungen Deutsch Sprache, Klasse 4 Name: _____ Klasse: _____

Lernstandserhebung 1 durchgeführt am _____

Aufgabe	Niveau	Fähigkeiten, Fertigkeiten und Kenntnisse	Lösungen	Beobachtungen und Notizen
1	1	• Kenntnis des Alphabets • Wörter nach dem Alphabet sortieren • Sortierregeln kennen und anwenden	Ball, Banane, Bett, Dachdecker, Dachfenster, Freund, Freundin, Kiste, Kurve, Salz, Stahl, Stuhl	
2	2	• Zeitformen kennen • Personalform von starken (unregelmäßigen) Verben in der Vergangenheit bilden	Max ging einkaufen. Leonie hatte Geburtstag.	
3	2, 3	• Regeln für Groß- und Kleinschreibung kennen und anwenden • Wortarten bestimmen • Nomen kennen oder herleiten	Der Feldhase ist ein Pflanzenfresser. Erst am Abend kommt er aus seinem Nest und geht auf Nahrungssuche. Er frisst Rüben, Wurzeln, Getreide, aber auch Baumrinde. Der Feldhase gehört zu den gefährdeten Tierarten, denn seine Lebensräume werden durch den Menschen immer weniger.	
4	2	• Wortbildungsprozesse kennen	Feldhase, Pflanzenfresser, Nahrungssuche, Baumrinde, Feldhase, Tierarten, Lebensräume	
5	2	• Nach dem Subjekt fragen • Subjekt bestimmen • Personalpronomen kennen und dem Subjekt entsprechend einsetzen	Sie ist rot. Es steht auf einem Berg. Sie geht durch den Park.	
6	2, 3	• Prinzip der Wortfamilie und des Wortstammes kennen • Wortbildungsprozesse kennen	Bedeutung, Schönheit, Erlaubnis, Gemeinheit, Erholung, Geheimnis, Fähigkeit	

Niveaustufen: 1 = „Wiedergeben" → erfordert grundlegende Fähigkeiten 2 = „Zusammenhänge herstellen" → erfordert erweiterte Fähigkeiten 3 = „Verallgemeinern, reflektieren und beurteilen" → erfordert fortgeschrittene Fähigkeiten

Auswertungsbogen Lernstandserhebungen Deutsch   Sprache, Klasse 4   Name: _____   Klasse: _____

Lernstandserhebung 2

durchgeführt am _____

Aufgabe	Niveau	Fähigkeiten, Fertigkeiten und Kenntnisse	Lösungen	Beobachtungen und Notizen
1	3	• Satzglieder (Subjekt, Prädikat, Ergänzungen) in eine sinnvolle Reihenfolge bringen	Melissa und Max machen einen Ausflug in den Tierpark. Ihr Vater begleitet sie. Sie fahren mit der Straßenbahn. Vor dem Eingang treffen sie Ezgi und Göksel. *oder* Sie treffen Ezgi und Göksel vor dem Eingang. Zusammen besuchen sie die Gorillas und Elefanten. *oder* Sie besuchen zusammen die Gorillas und Elefanten.	
2	1, 2	• Nach dem Subjekt fragen • Subjekt bestimmen • Nach dem Prädikat fragen • Prädikat bestimmen	Melissa und Max machen einen Ausflug in den Tierpark. Ihr Vater begleitet sie. Sie fahren mit der Straßenbahn. Vor dem Eingang treffen sie Ezgi und Göksel. Zusammen besuchen sie die Gorillas und Elefanten.	

Niveaustufen: **1** = „Wiedergeben" → erfordert grundlegende Fähigkeiten   **2** = „Zusammenhänge herstellen" → erfordert erweiterte Fähigkeiten   **3** = „Verallgemeinern, reflektieren und beurteilen" → erfordert fortgeschrittene Fähigkeiten

Auswertungsbogen Lernstandserhebungen Deutsch · Sprache, Klasse 4 · Name: _____ Klasse: _____

Lernstandserhebung 2

durchgeführt am _____

Aufgabe	Niveau	Fähigkeiten, Fertigkeiten und Kenntnisse	Lösungen	Beobachtungen und Notizen
3	2	• Personalform von Verben in Abhängigkeit von Personalpronomen bilden	ich gehe / ziehe / drehe du gehst / ziehst / drehst er, sie, es geht / zieht / dreht wir gehen / ziehen / drehen sie gehen / ziehen / drehen	
4	2	• Zeitformen kennen • Zukunftsform Futur I bilden	Luca und Jarno werden Lilli besuchen. Im Laden werden sie einen neuen Fußball kaufen. Am Nachmittag werden sie mit den Fahrrädern zum Fußballplatz fahren.	
5	2	• Wortbildungsprozesse kennen • weibliche Form Singular und Plural von Nomen bilden	die Polizistin, die Polizistinnen die Verkäuferin, die Verkäuferinnen die Ärztin, die Ärztinnen die Lehrerin, die Lehrerinnen	
6	1, 2	• Adjektive bilden mit den Endungen -isch, -ig, -lich	giftig, komisch, ärgerlich, richtig, regnerisch, wirklich	

Niveaustufen: **1** = „Wiedergeben" → erfordert grundlegende Fähigkeiten **2** = „Zusammenhänge herstellen" → erfordert erweiterte Fähigkeiten **3** = „Verallgemeinern, reflektieren und beurteilen" → erfordert fortgeschrittene Fähigkeiten

Auswertungsbogen Lernstandserhebungen Deutsch   Sprache, Klasse 4   Name: _____   Klasse: _____

Lernstandserhebung 3   durchgeführt am _____

Aufgabe	Niveau	Fähigkeiten, Fertigkeiten und Kenntnisse	Lösungen	Beobachtungen und Notizen
1	1	• Wortbildungsprozesse kennen • Mehrzahl von Nomen mit den Endungen -ung und -nis bilden	die Verletzungen die Hindernisse die Entfernungen die Zeugnisse die Wohnungen die Erlebnisse	
2	2	• Regeln der Worttrennung kennen	Na-se Tas-ta-tur aus-fül-len	
3	2	• Wortbildungsprozesse kennen • aus Verben Adjektive mit der Endung -bar bilden	lösbar, erreichbar, essbar	
4	2, 3	• Steigerungsformen von Adjektiven kennen	mutig, mutiger, am mutigsten dünn, dünner, am dünnsten hart, härter, am härtesten eng, enger, am engsten	
5	2, 3	• lange und kurze Vokale unterscheiden • Markierung von Lang-/Kurzvokal bei Wörtern mit ss und ß • Wörter und Wortbedeutungen kennen	grüßen, küssen, müssen, gießen draußen, hässlich, süßlich, scheußlich Sessel, Spaß, Wissen, Strauß	
6	2, 3	• Wörtliche Rede mit nachgestelltem Begleitsatz bilden können • Zeichensetzung bei nachgestelltem Begleitsatz kennen	„Die Fahrkarten bitte!", ruft der Schaffner. „Gestern war ich im Schwimmbad", erzählt Steffen. „Hat jemand meinen Stift gesehen?", fragt Lina.	

Niveaustufen: **1** = „Wiedergeben" → erfordert grundlegende Fähigkeiten   **2** = „Zusammenhänge herstellen" → erfordert erweiterte Fähigkeiten   **3** = „Verallgemeinern, reflektieren und beurteilen" → erfordert fortgeschrittene Fähigkeiten

Inhalt

In der Schule

Ein Logo für die Schule

1 Schreibe unter jedes Logo einen Namen für die Schule!

Tintenkleckse

Weltall

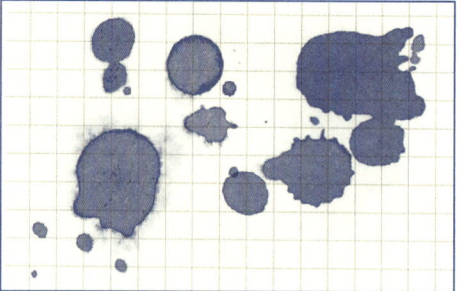

Grundschule Brüder Grimm

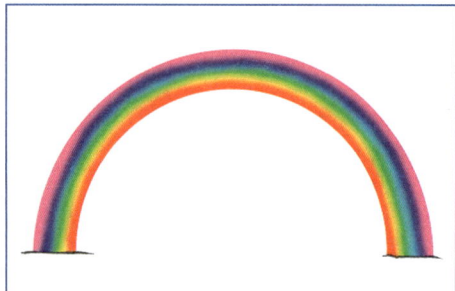

Regenbogen

2 Entwirf ein Logo für deine Schule!

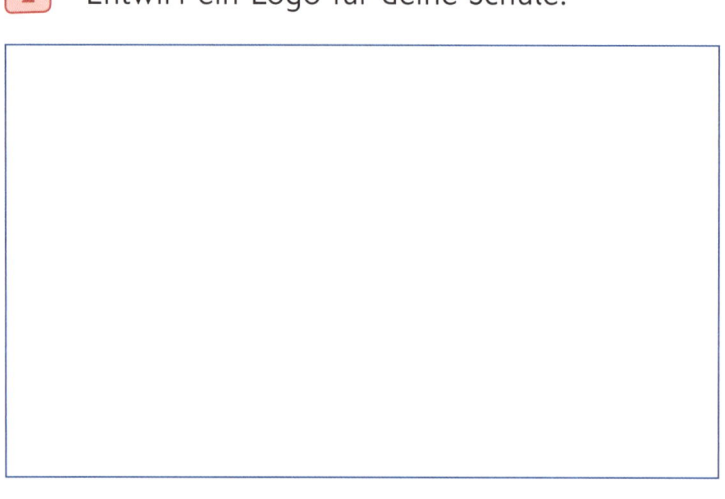

Vielleicht hat deine Schule schon ein Logo.

⭐ Warum haben viele Schulen ein Logo? Finde es heraus!

Meine Traumschule

1 Was wünschst du dir für deine Schule?
Markiere die Stichpunkte!

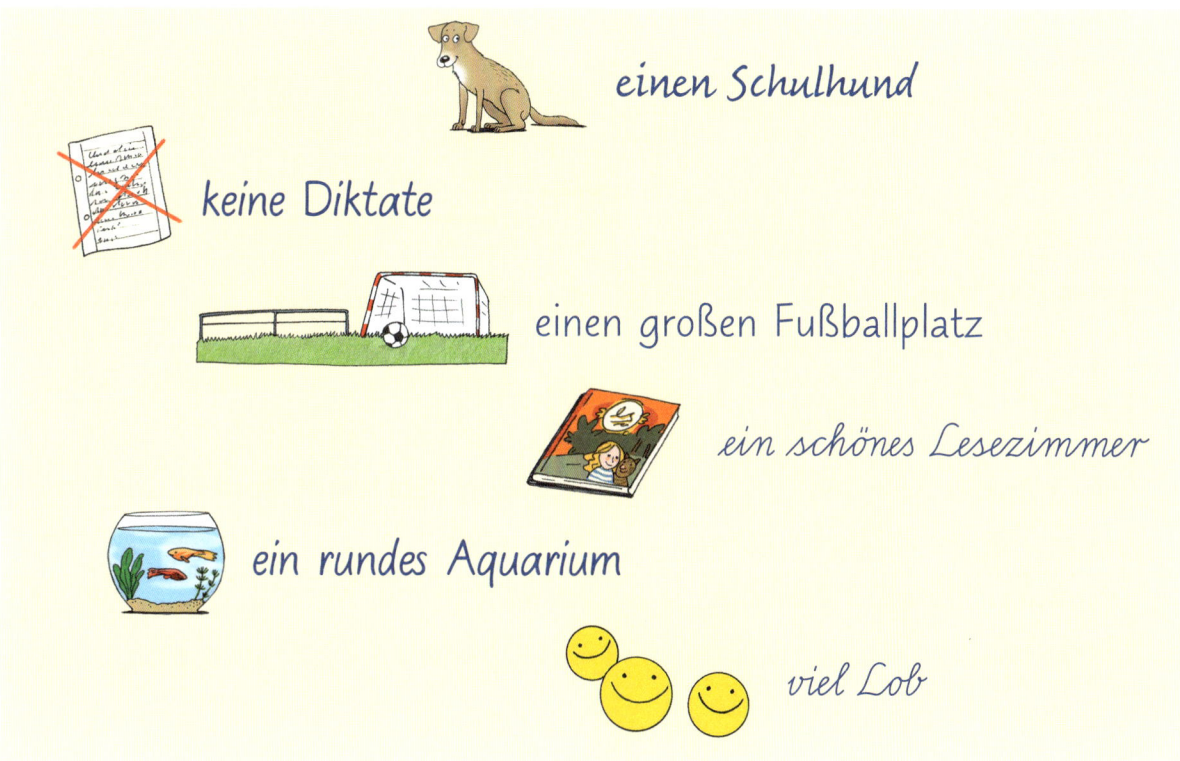

einen Schulhund

keine Diktate

einen großen Fußballplatz

ein schönes Lesezimmer

ein rundes Aquarium

viel Lob

2 Was ist an deiner Schule möglich?
Schreibe die Stichpunkte heraus und male dazu!

_____

_____

_____

_____

_____

_____

 Was ist an deiner Traumschule verboten?

Eine E-Mail schreiben

1 Unterstreiche die Anredepronomen im Brief!

2 Setze in der E-Mail die Anredepronomen ein!

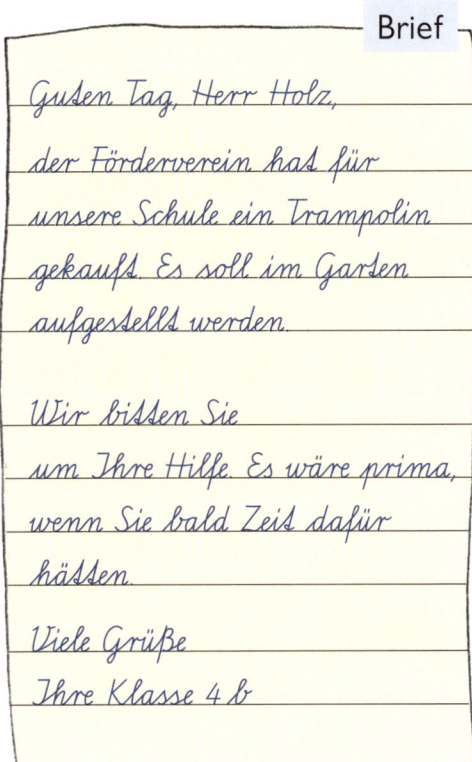

Brief

Guten Tag, Herr Holz,

der Förderverein hat für

unsere Schule ein Trampolin

gekauft. Es soll im Garten

aufgestellt werden.

Wir bitten Sie

um Ihre Hilfe. Es wäre prima,

wenn Sie bald Zeit dafür

hätten.

Viele Grüße

Ihre Klasse 4 b

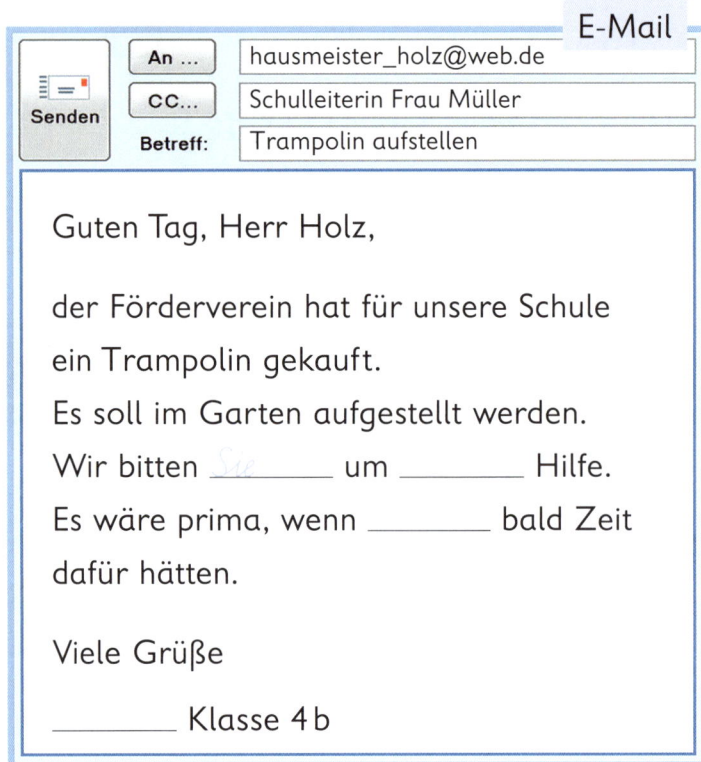

E-Mail

An ...	hausmeister_holz@web.de
CC...	Schulleiterin Frau Müller
Betreff:	Trampolin aufstellen

Senden

Guten Tag, Herr Holz,

der Förderverein hat für unsere Schule
ein Trampolin gekauft.
Es soll im Garten aufgestellt werden.
Wir bitten _Sie_ um _____ Hilfe.
Es wäre prima, wenn _____ bald Zeit
dafür hätten.

Viele Grüße

_____ Klasse 4 b

3 Schreibe eine E-Mail!

Dein Freund Willi
Sei bitte pünktlich!
Lieber Max,
wir treffen uns morgen um
15 Uhr am Trampolin.

| An ... | max.10@web.de |
| Betreff: | Trampolinspringen |

 Was könnte Herr Holz den Schülern antworten?

Präsens und Präteritum

1 Unterstreiche alle Verben im Text!

Nach den Ferien gab es eine Überraschung.

Handwerker renovierten die Schule.

Einige Eltern unterstützten die Arbeiten.

Die Schüler staunten über viele neue Dinge.

Alle Klassenzimmer sind jetzt hell und freundlich.

In allen Fluren hängen neue Bilder.

Im Garten der Schule steht ein großes Trampolin.

Auch die Schüler erhalten eine Aufgabe.

Sie gestalten ein Logo für die Schule.

2 Ordne die Verben der richtigen Zeitform zu!

5 x Präsens und
4 x Präteritum!

Präteritum   **Präsens**

_____   _____

_____   _____

_____   _____

Abc **3** Bilde zu allen Verbformen aus Aufgabe 2 die Grundformen!

_____

⭐ Welche Überraschung gab es nach den Ferien an deiner Schule?

Perfekt

1 Vervollständige den Lückentext!
Setze die Verbformen im Perfekt richtig ein!

Alle _haben_ ein Logo _gesucht_ .

Jeder Schüler _____ auf die Suche _____ .

Annas Vorschlag _____ .

„Warum _____ du ein Märchenbuch

_____?", fragt Felix.

„Ich _____ alle Kinder _____ ,

viele mögen Märchen", antwortet Anna.

> ist gegangen
> haben gesucht
> hast gewählt
> hat gewonnen
> habe gefragt

 2 Bilde jeweils die richtigen Formen der Verben!

Grundform	Präsens	Perfekt
leuchten	es _leuchtet_	es _hat geleuchtet_
zeichnen	wir _____	wir _____
_____	er beobachtet	er _____
_____	ich _____	ich bin gekrochen
_____	ihr _____	ihr seid gewachsen

 Erzähle im Perfekt!
Gestern habe ich … oder _Gestern bin ich …_

Wörter mit ch

1 Finde im Silbenrätsel Nomen mit **ch**!
Schreibe sie geordnet auf!

FEUCH	RUCH	WEIH	NIK	UN
DÄ	TER	TIG	GE	NACH
RICHT	TEN	TECH	CHER	KEIT

drei Silben
(3 Wörter): _____

zwei Silben
(3 Wörter): _____

2 Schreibe den Satz richtig auf!

Sachen • schöne • viele • Weihnachten • für • wir • machen • Unterricht • im

Im _____

_____

3 Finde die passenden Wörter!
Kontrolliere mit dem Wörterbuch!

Alle Lösungswörter haben ein **ch**.

Ich schaue nach links und …   *re*_____   Seite _____

Die Kinder singen gemeinsam im …   _____   Seite _____

Das Gegenteil von schwer ist …   _____   Seite _____

Die Aufgabe war nicht falsch, sondern … _____   Seite _____

Sich im Internet unterhalten heißt …   _____   Seite _____

 Suche im Wörterbuch Fremdwörter mit **Ch/ch** am Wortanfang!

Ein neuer Schüler

1 Leon ist heute schnell aus dem Bett gesprungen.

2 Sein Vater hat ihn zur neuen Schule gebracht.

3 Frau Keller wartete schon an der Schultür.

4 Freundlich begrüßte sie ihn.

5 Zusammen gehen beide in die Klasse.

6 Emma zeigt ihm seinen Platz.

7 Leon wünscht sich schnell neue Freunde.

1 Unterstreiche im Text alle Verben!

2 Sortiere die Verben nach Zeitformen:

Perfekt (2 Formen)	**Präteritum** (2 Formen)	**Präsens** (3 Formen)
_____	_____	_____
_____	_____	_____
_____	_____	_____

3 Schreibe die Sätze 3 und 4 im Präsens auf!

Satz 3

_____

_____

Satz 4

_____

1 ☺ ☒   2 ☺ ☒   3 ☺ ☒

  4 Schreibe die Wörter richtig auf!
Kontrolliere mit dem Wörterbuch!

W I C H T I G

R I E C H E N

T E C H N I K

W A C H S E N

E I N F A C H

_____

_____

_____

_____

_____

5 Setze passende Anredepronomen ein!
Schreibe den Brief ab!

Guten Tag, Herr Holz,

der Förderverein hat ein Sonnensegel gekauft.

Wir würden es prima finden, wenn _____ es bald aufstellen.

Könnten wir _____ dabei helfen?

Viele Grüße   _____ Klasse 4 b

_____

_____

_____

_____

_____

_____

Im Herbst

Subjekt und Prädikat

1 Bilde sinnvolle Sätze! Verbinde!

1 | Der Kuckuck ist | am Waldrand und in Parks.

2 | Er lebt | ein Zugvogel.

3 | Der Kuckuck legt | im warmen Afrika.

4 | Er überwintert | schon zeitig im Frühling.

5 | Der Kuckuck ruft | seine Eier in fremde Nester.

2 Schreibe die Sätze auf!
Markiere die Subjekte und Prädikate!

1 *Der Kuckuck* _____

_____

2 _____

_____

3 _____

_____

4 _____

_____

5 _____

_____

 Was können diese Tiere besonders gut? Bilde Sätze!

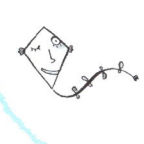

Satzglieder

1 Setze das Nomen **Eichhörnchen** mit dem Artikel ein!

das Eichhörnchen • des Eichhörnchens • dem Eichhörnchen • das Eichhörnchen

Die Kinder beobachten *das Eichhörnchen*.

_____ springt flink von Baum zu Baum.

Der Schwanz _____ bewegt sich hin und her.

Gespannt sehen die Kinder _____ zu.

2 Beantworte die Fragen! Vervollständige die Sätze!

Wer lebt im Wald?

Der Waldkauz lebt im Wald.   der Waldkauz/~~dem Waldkauz~~

Mit wem ist das Muli verwandt?

Das Muli ist mit _____   der Esel/dem Esel

verwandt.

Wen frisst der Kuckuck?

Der Kuckuck frisst _____.   die Raupe/der Raupe

Wessen Schwanz ist buschig?

Der Schwanz _____   des Fuchses/der Fuchs

ist buschig.

★ Verwende die Satzglieder in Sätzen!

das Fell des Wolfes   der Wolf lebt   dem Wolf

Zusammengesetzte Adjektive

1 Bilde zusammengesetzte Adjektive!

 still wie ein Mäuschen   *mäuschenstill* _____

 grün wie Gras   _____

 süß wie Honig   _____

 schwarz wie ein Rabe   _____

 _____   _____

2 Schreibe die zusammengesetzten Adjektive heraus!

das Mädchen	dünn
der Himmel	gelbgrün
blitzschnell	regnen
fleißig	süßsauer
windstill	klein
federleicht	die Wetterfahne
fahren	eiskalt

windstill _____

_____

_____

_____

 Finde viele zusammengesetzte Farbadjektive!

Kreative Schreibformen

1 Wer schrieb welchen Text? Verbinde!

Felix:

Die Vögel fliegen.
Schwalbe, Kuckuck und Kranich.
Bald kommt der Winter.

ELFCHEN

HAIKU

Anna:

Gelb
reife Sonnenblumen
sie leuchten golden
ich laufe durchs Feld
Herbst

2 Schreibe ein Elfchen!

Blätter • ich • bunt • Wind • Sturm • im
pfeift • fallen • Park • renne • der

Du kannst
auch eigene Wörter
nehmen.

_____

_____

_____

_____

_____

_____

_____

 Schreibe ein Elfchen über den Sommer oder den Winter!

Wörter mit doppelten Mitlauten

  1 Schreibe die Nomen darunter!

_____   _____   _____

_____   _____   _____

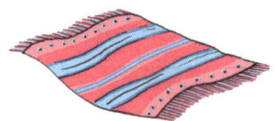

_____   _____   _____

 2 Finde in jeder Zeile den Fehler! Berichtige!

ff	schaffen	der Stof	_____
ll	volständig	die Quelle	_____
mm	die Sammlung	das Prograhm	_____
nn	dünn	begihnen	_____
tt	kletern	der Schatten	_____
ss	passen	der Kus	_____
rr	der herr	das Geschirr	_____
pp	die Puppe	die Supe	_____

 Finde weitere Wörter mit drei gleichen Mitlauten:
das Betttuch, die Schifffahrt ...

Wörter mit Sch/sch

1 Finde das Gegenteil!

schwach • schön • falsch • stürmisch
scharf • schief • schmutzig • schwer

leicht – _____

gerade – _____

sauber – _____

stumpf – _____

hässlich – _____

stark – _____

windstill – _____

richtig – _____

2 Sortiere die Wörter!

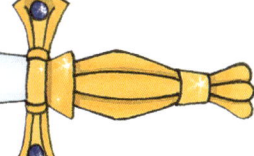
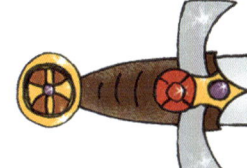

geschwommenmaschinegeschenkgeschlossenerschrecken

schattenschutzgeschäftschiebengeschahschalter

Nomen
(6 Wörter):   *Schatten* _____

_____

Verben
(5 Wörter):   *geschwommen* _____

_____

3 Schreibe einen Satz mit einigen Wörtern aus Aufgabe 2!

_____

_____

 Welches Nomen darfst du mit **ch**, aber auch **sch** in der Wortmitte schreiben?

Meine Wünsche und Träume

Ideen für das Abschlussfest

1 Beantworte die Fragen!

Die Kanus müsst ihr schon jetzt bestellen.

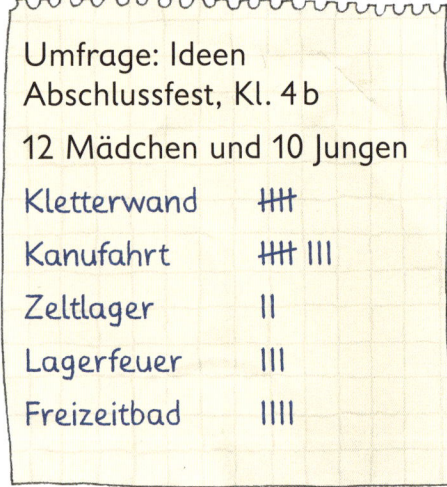

Umfrage: Ideen
Abschlussfest, Kl. 4 b

12 Mädchen und 10 Jungen

Kletterwand	⊬⊬
Kanufahrt	⊬⊬ III
Zeltlager	II
Lagerfeuer	III
Freizeitbad	IIII

Was sammelten die Schüler?

_____

Wie viele Kinder wünschen sich ein Lagerfeuer?

_____

Welche Idee liegt vorn?

_____

2 Schreibe die Verbformen im Futur heraus!

Zu unserem Abschlussfest <u>werden</u> wir mit Kanus <u>fahren</u>.

wir werden fahren _____

Franz <u>wird</u> an der Kletterwand <u>klettern</u>.

er _____

Ich <u>werde</u> mit Marie in einem Zelt <u>schlafen</u>.

ich _____

Ihr <u>werdet</u> am Lagerfeuer <u>sitzen</u>.

ihr _____

ich werde
du wirst
er wird
wir werden
ihr werdet
sie werden

werden

 Welcher der beiden Sätze steht im Futur?

Ich bin Rennfahrer.   Ich werde Fahrrad fahren.

© 2017 Cornelsen Verlag GmbH, Berlin
Alle Rechte vorbehalten.

Verben im Futur

1 Setze die Verben im Futur richtig ein!

Im Juli _werde_ ich in das Zeltlager _fahren_ .

Meine Freunde _____ mich _____.

Anna _____ ihren Fotoapparat _____.

Wir _____ gemeinsam ein Tagebuch _____.

„Ihr _____ viel _____", sagt Opa.

fahren
begleiten
mitbringen
schreiben
erleben

werden

Ich werde
mit dem Ballon
fahren.

2 Übertrage die Sätze ins Futur!

Wir fahren mit dem Ballon.

Wir werden _____

Der Wind treibt uns schnell.

_____

Ich mache viele schöne Fotos.

_____

3 Markiere die Formen, die im Futur stehen!

ich werde träumen	er biss	sie träumte	ich schrieb
er lacht	du wirst schreiben	er wird beißen	er wird lachen
ihr werdet spielen	es wird leuchten	sie spielen	sie leuchten

 Was wirst du in den Ferien erleben?

Wünsche aufschreiben

1 Welches Tier wünschst du dir als Haustier? Kreuze an oder male!

2 Begründe deinen Wunsch!

Mein Wunschtier: _____

streicheln
spielen
füttern
spazieren gehen
beobachten

_____

_____

_____

3 Schreibe ein oder zwei Sätze zu deinem Wunschtier!

Ich wünsche mir _____

_____

_____

_____

_____

⭐ Finde heraus, was eine Tierpatenschaft ist!

Stichpunkte aufschreiben

1 Unterstreiche die Wünsche der Kinder im Text!

Was ist dein größter Wunsch?

Eine Umfrage an unserer Schule hat ergeben, wovon Kinder träumen.

Die Antworten der Mädchen und Jungen sind unterschiedlich.

Die meisten Kinder wünschen sich ein Haustier.

Auf dem 2. Platz landet der Computer.

Als Drittes wünschen sich alle eine glückliche Familie.

Die Kinder nennen auch ihre Berufswünsche.

Viele Mädchen wünschen sich, Tierärztin, Topmodel oder Sängerin zu werden.

Die meisten Jungen möchten als Fußballstar berühmt werden.

Einige andere wollen später Lokführer oder Feuerwehrmann sein.

2 Übertrage die Rangfolge der Wünsche!

1. Platz

_____

2. Platz

_____

3. Platz

_____

3 Schreibe die Berufswünsche der Kinder heraus!

Mädchen: _____

_____

Jungen: _____

_____

 Gestaltet ein Plakat zu euren Wünschen!

Umlaute und Zwielaute

1   Bilde sinnvolle Wörter! Ordne nach Wortarten! Markiere den Zwielaut!

träu	tung
Zei	lich
deut	men

sau	ßen
Kreu	ber
bei	zung

leuch	heim
ge	fen
Hau	ten

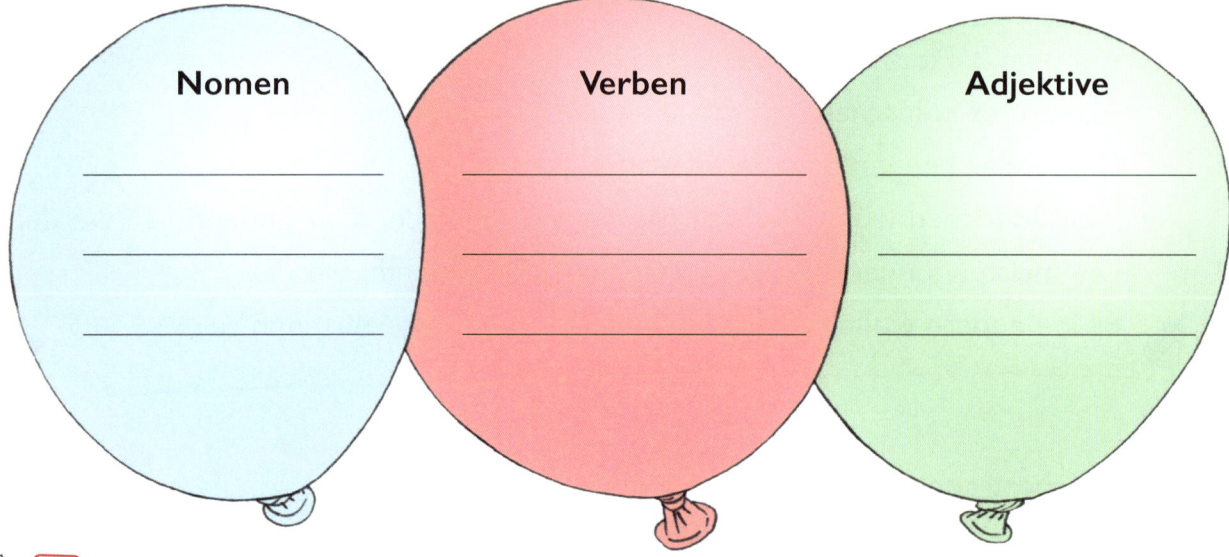

Nomen

_____

_____

_____

Verben

_____

_____

_____

Adjektive

_____

_____

_____

2   Schreibe so:

die Kraft   *die Kräfte* _____

der Strom   _____

der Einkauf   _____

der Sturm   _____

die Sträuße   _____

die Grüße   _____

die Träume   _____

die Pässe   _____

    Finde Wörter mit **Ai/ai**!

Wörter mit aa, ee, oo

1 Entschlüssle die Geheimschrift! Schreibe die Nomen auf!

⬠	◆	▲	◗	■	▮	▼	◆	◆	⬡	◀	▬	▶	★
B	O	T	Z	E	R	D	S	M	A	H	W	P	N

 ◆ ◆ ◆ ◆    ◆ ■ ■    ◀ ⬡ ⬡ ▮

Moos _____   _____   _____

 ⬠ ■ ■ ▮ ■ ★    ⬠ ◆ ◆ ▲    ▲ ■ ■

_____   _____   _____

2 Setze die Wörter aus Aufgabe 1 richtig ein!

Der Ausflug

Zwei Mädchen mit langem *Haar* pflückten im Wald _____.

Sie liefen barfuß über das _____.

Dann tranken sie _____ aus ihrer Flasche.

Später gingen sie zum _____.

Dort wollten beide mit dem _____ fahren.

3 Schreibe zusammengesetzte Wörter mit doppeltem Selbstlaut!

Beutel
Tasse
Kanne
Glas
Sieb
Löffel
Wasser

der Teebeutel _____

_____

_____

⭐ Gestalte für deine Mitschüler Bilderrätsel! **Klee/Blatt**

aa, ee, oo

SF S.31   21

Der Wald im Herbst

1 Wenn die Tage kürzer werden, werfen die Bäume ihre Blätter ab.

2 Der Wind fegt die gelbgrünen und rotbraunen Blätter über das Moos.

3 Die Tiere bereiten sich auf den Winter vor.

4 Eichhörnchen sammeln Nüsse, Beeren und andere Früchte.

5 Der Igel baut sich einen wetterfesten Unterschlupf.

6 Die winteraktiven Rehe brauchen Hilfe.

7 Der Förster legt für sie Futtervorräte an.

1 Ordne jeweils ein Wort aus dem Text zu! Unterstreiche die Besonderheit!

Wörter mit doppelten Mitlauten:

Blätter,

Wörter mit doppelten Selbstlauten:

Moos,

Wörter mit Umlauten:

kürzer,

Wörter mit Zwielauten:

Bäume,

2 Unterstreiche die vier zusammengesetzten Adjektive im Text!

3 Bilde zusammengesetzte Adjektive!

| gras | grün | gelb | |
| zucker | süß | sauer | |

4 Bilde vollständige Sätze!

	Subjekt	Prädikat	Satzergänzung
1	der Förster	werden auffüllen	die Futterstellen
2	die Kinder	helfen	der Förster
3	Franz	beobachten	der Fuchs

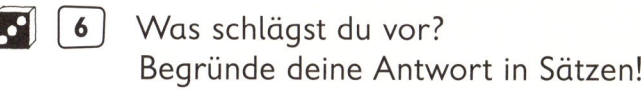

Der Förster wird die Futterstellen auffüllen.

5 Setze Satz 2 aus Aufgabe 4 ins Futur!

6 Was schlägst du vor?
Begründe deine Antwort in Sätzen!

Die Brüder-Grimm-Schule hat eine Spende
für den Spielplatz am Waldrand bekommen.
Alle dürfen Vorschläge aufschreiben.

Holzhütte zum
Versteckspielen

Klettergerüst
zum Turnen

Wippe und
Baumhaus

Trimm-dich-Pfad
für den Sport

gespannte Netze
am Baum zum
Klettern

Miteinander leben

Wir achten einander

1 Welche Reaktionen findest du gut? Kreuze an!

In der Hofpause
Anna ist hingefallen.
Sie sitzt am Boden und hält sich ihr Knie.
Leise jammert sie und weint vor sich hin.

2 Was würdest du zu Anna sagen?

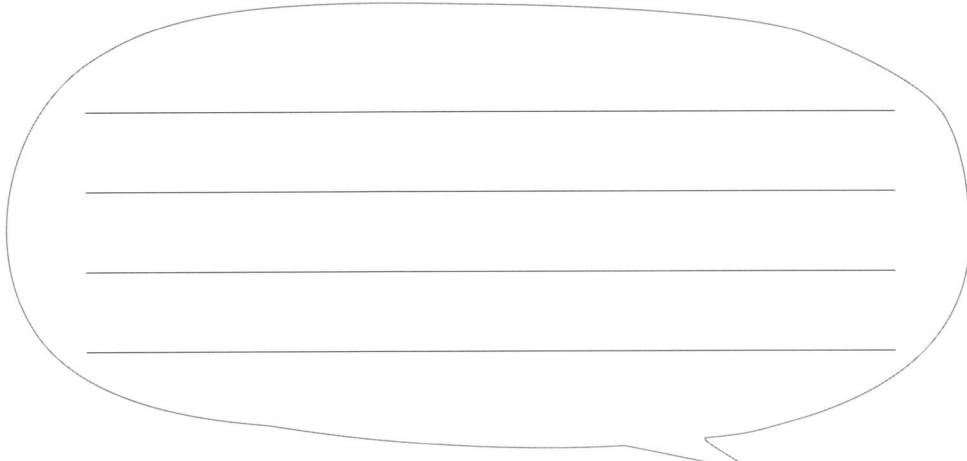

 Sage einem Kind aus deiner Klasse, was dir an ihm besonders gefällt!

Wir sind Freunde

1 Beantworte die Fragen! Unterstreiche zuerst die Antworten!

Franz schreibt:

Ich bin schon seit der 1. Klasse mit Karam befreundet.
Wir haben keine Geheimnisse voreinander.
In diesem Schuljahr sitzen wir nebeneinander.
Karam hilft mir in Mathematik, denn es ist sein Lieblingsfach.
Jeden Dienstag gehen wir zum Fußballtraining. Ich bin ein guter Stürmer und schieße viele Tore.

Wer ist befreundet?

Franz

Wobei hilft Karam Franz?

_____

Wohin gehen beide jeden Dienstag?

_____

2 Schreibe Sätze!

9 Jahre

lustig, ehrlich

reitet gern

hat Leguan

Tessa schreibt: _Mein Freund_ _____

_____

_____

 3 Was können Freunde alles gemeinsam machen? Schreibe es auf!

_____

_____

⭐ Was ist für dich eine besondere Freundschaft?

_____

Satzglieder

1 Bilde Sätze und verwende alle Satzglieder!

Subjekt Wer? Was?	Prädikat Was tut? Was geschieht?	Satzergänzung Wem? Wen? Was?
1 Franz	vorlesen	der kleine Bruder
2 Jonas	schreiben	der beste Freund
3 Anna	erzählen	ein spannendes Erlebnis
4 der Fußball	treffen	der Pfosten

_____

_____

_____

_____

_____

2 Ergänze!

Ayla braucht _~~ihr Buch~~_ und fährt schnell in die Schule. | Was? |

Fabian entdeckt _____ auf dem Schulhof. | Wen? |

Die Kinder bringen _____ für das Klassenzimmer mit. | Was? |

Der Lehrer zeigt _____. | Was? |

Tessa hilft _____ aus der Klasse 1a. | Wem? |

Selina schreibt _____. | Wem? | Was? |

 Denke dir einen riesenlangen Bandwurmsatz aus!

Wörter mit -ung und pf

1 Bilde Nomen!

Ver-

Er-

senk • brenn • schmutz • pack
krank • zähl • find

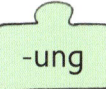

-ung

die Versenkung _____

_____

_____

2 Wähle ein Nomen aus Aufgabe 1 aus!
Schreibe damit einen Aussagesatz **oder** einen Fragesatz!

_____

_____

Abc **3** Sprich jedes Wort deutlich und kreuze an!
Schreibe nur die Wörter mit **Pf/pf** auf!

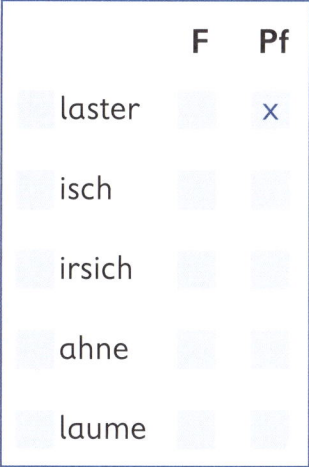

	F	Pf
laster		x
isch		
irsich		
ahne		
laume		

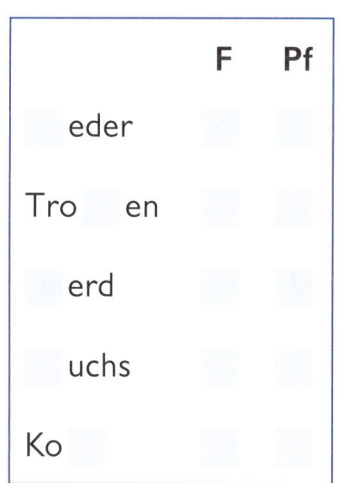

	F	Pf
eder		
Tro en		
erd		
uchs		
Ko		

das Pflaster _____

_____

⭐ Bilde mit **Pflaume** und **Pfirsich** Zusammensetzungen!

Im Winter

Märchen auf der Spur

1 Welche Märchen gehören zusammen? Markiere diese farbig!

Der Froschkönig	Sleeping Beauty
Aschenputtel	The Frog King
Dornröschen	Hans in Luck
Hans im Glück	Snow White
Schneewittchen	Cinderella

2 Lies und setze die alten Wörter ein!

Rotkäppchen war einmal ein kleines _____.

Mädchen

Es trug ein _____ von rotem _____.

Kappe   Samt

Die Mutter sprach: „Geh zur _____, sei

Oma

aber brav und _____, bleib auf dem Weg!

artig

Hier ist der Korb mit Wein und Kuchen, sie soll sich dran _____.

stärken

Sie wird es nicht _____."

ablehnen

Mägdelein
Käppchen
Sammet
Großmutter
sittsam
laben
verschmähen

⭐ Suche in deinem Lieblingsmärchen alte Wörter!

Verben in verschiedenen Zeitformen

1 Setze die Verben in der richtigen Personalform im Präteritum ein!

1 Voller Freude _startete_ die Klasse 4a ins Skilager.

2 Der Wetterbericht _____ viel Schnee voraus.

3 Viele Schüler _____ zum ersten Mal auf Skiern.

4 Der Skilehrer _____ ihnen die Laufgrundschritte.

5 Alle _____ eifrig und _____ viel Spaß.

6 Am letzten Tag _____ die Schüler zum Nachtrodeln.

7 Das Einzelrennen der Mädchen _____ Mia.

8 Bei den Jungen _____ Karl.

starten

voraussagen

stehen

zeigen

üben

haben

gehen

gewinnen

siegen

2 Schreibe die Sätze 1, 3, 7 und 8 aus Aufgabe 1 im Perfekt auf!

Satz 1

Voller Freude ist die Klasse 4a ins Skilager gestartet.

haben/sein

Satz 3

_____

Satz 7

_____

Satz 8

_____

⭐ Was kannst du alles im Winter draußen spielen?

Aufzählungen und Bindewörter

1 Vervollständige die Aufzählungen!

Im Winter brauchen alle warme _____

und _____.

Die Kinder können im Skilager _____

_____ und _____ausleihen.

Am Abend können die Kinder _____

_____ oder _____ spielen.

Zum Abendbrot gibt es Pizza mit

_____ und _____.

2 Verbinde die Sätze mit Bindewörtern!

1 Anne rollt große Schneebälle. | denn | Sie will einen Schneemann bauen.

2 Karam bringt eine Möhre. | weil | Die Nase fehlt noch.

3 Karl holt seine alte Mütze. | damit | Der Schneemann soll nicht frieren.

4 Alle machen eine Schneeballschlacht. | und | Alle toben im Schnee.

_____

_____

_____

_____

_____

 Bilde eigene Wintersätze mit den Bindewörtern!

© 2017 Cornelsen Verlag GmbH, Berlin
Alle Rechte vorbehalten.

Wörter mit St/st, Sp/sp und V/v

1 Schreibe die Nomen in der Mehrzahl!
Kontrolliere mit dem Wörterbuch!

der Spiegel	die Stadt	die Spitze
die Spiegel	_____	_____

der Stuhl	der Spaß	das Beispiel
_____	_____	_____

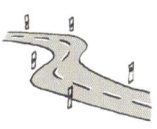

die Straße	der Strand	der Stoff
_____	_____	_____

2 Wähle Wörter aus Aufgabe 1 aus und schreibe mit ihnen einen Satz!

_____

_____

 3 Markiere das richtige Wort in jeder Zeile!
Kontrolliere mit dem Wörterbuch!

die Vase	die Pfase	S. 228
braf	brav	
fielleicht	vielleicht	
November	Nofenber	
follständig	vollständig	
der Pfater	der Vater	

⭐ Finde heraus, wie **V/v** in den Fremdwörtern **Violine** und **Klavier** gesprochen wird! Suche weitere Wörter!

▸ Wörter mit St/st, Sp/sp, V/v   **SF** S.48/49   31

Bist du fit?

Disko im Märchenwald

1 König Drosselbart hat zum Tanz in sein Schloss geladen.

2 Alle haben die Einladungen erhalten.

3 Hänsel und Gretel haben Aschenputtel abgeholt.

4 Schneewittchen bringt die sieben Zwerge mit.

5 Sie sind ihre besten Freunde.

6 Im letzten Jahr sang und rappte der gestiefelte Kater für alle.

7 Heute Abend spielen die Bremer Stadtmusikanten.

[1] Unterstreiche die Verben! Schreibe sie geordnet heraus!

Präsens	**Präteritum**	**Perfekt**
sie _____	er _____	er _____
sie _____	er _____	sie _____
sie _____	_____	sie _____

[2] Vervollständige die Aufzählung!

Zum Tanz erschienen _____

_____

_____

_____

_____

[3] Verbinde die Sätze 4 und 5 aus dem Text mit dem Bindewort [denn]!

_____

_____

_____

© 2017 Cornelsen Verlag GmbH, Berlin
Alle Rechte vorbehalten.

[1] ☺ ☹   [2] ☺ ☹   [3] ☺ ☹

4 Unterstreiche in den Sätzen die Ergänzungen! Frage danach!

> Wem? Wen oder was?

Alle haben <u>viel Spaß</u>.

> *Was?*

Der Skilehrer zeigt den Schülern die Laufbewegungen.

> _____ _____

Die Mädchen beobachten die Jungen.

> _____

Mia bringt Karl die Skistöcke.

> _____ _____

Karam und Anna suchen den Skilehrer.

> _____

5 Schreibe den Bericht!

> Das geschah 1961.   Schneekanonen sind Maschinen, die Schnee erzeugen.

> Die Erfindung kommt aus den USA.

> Diese Maschinen erfand der Amerikaner Alden Hanson.

> Damit werden Hänge beschneit, sodass man Ski fahren kann.

Schneekanonen _____

| Was? | _____ |

_____

| Wer? | _____ |

| Wann? | _____ |

| Woher? | _____ |

Von Tieren und Menschen

Informationen aus der Tierwelt

	Afrikanischer Elefant	Flusspferd	Giraffe
Gewicht	4 500–5 500 kg	1 300–3 000 kg	800–1 900 kg
Geschwindigkeit	bis zu 40 km/h	bis zu 50 km/h	bis zu 60 km/h
Junge pro Wurf	1	1	1
Lebensraum	Afrika	Afrika/Indien	Ost- und Südafrika

1   Beantworte die Fragen!

Wer bewegt sich am schnellsten?

1 _____ 2 _____ 3 _____

Wer ist am schwersten?

1 _____ 2 _____ 3 _____

Wer bewegt sich am langsamsten?

1 _____ 2 _____ 3 _____

2   Vervollständige die Vergleiche!

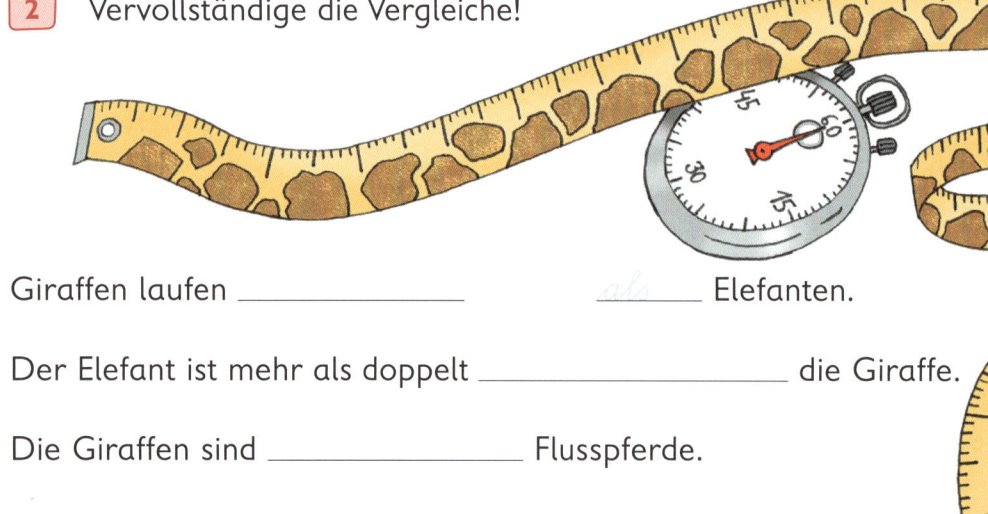

Giraffen laufen _____ _als_ Elefanten.

Der Elefant ist mehr als doppelt _____ die Giraffe.

Die Giraffen sind _____ Flusspferde.

Elefanten rennen _____ Flusspferde.

 Wie alt können Elefanten, Flusspferde und Giraffen in freier Wildbahn werden?

schnell
groß
schwer
langsam

© 2017 Cornelsen Verlag GmbH, Berlin
Alle Rechte vorbehalten.

Sachtexte und Steckbriefe

1 Lies den Sachtext und markiere wichtige Informationen für den Steckbrief!

Gorillas sind die größten Menschenaffen.
Sie sind im afrikanischen Regenwald zu Hause und leben in Gruppen.
Sie werden etwa 40 Jahre alt.
Die männlichen Tiere wiegen bis zu 200 kg, die Weibchen etwa 70 kg.

Das Weibchen bringt pro Wurf ein Junges zur Welt.
Dieses wiegt etwa 2 kg.
Mit drei Monaten können Gorillas krabbeln. Sie fressen den ganzen Tag Wurzeln, Knollen, Blätter und Früchte.

Steckbrief Gorilla _____

Lebensraum: _____

Alter: _____

Gewicht: _____

Junge pro Wurf: _____

Geburtsgewicht: _____

Nahrung: _____

_____

2 Prüfe die Aussagen mithilfe des Sachtextes! Kreuze an!

                                                                    wahr   falsch

Gorillas leben in Südasien.

Sie sind die größten Menschenaffen.

Sie sind Pflanzenfresser.

Gorillas sind Einzelgänger.

Die Jungtiere können mit einem Vierteljahr krabbeln.

⭐ Suche Informationen über Paviane und präsentiere sie deinen Mitschülern!

Meinungen begründen

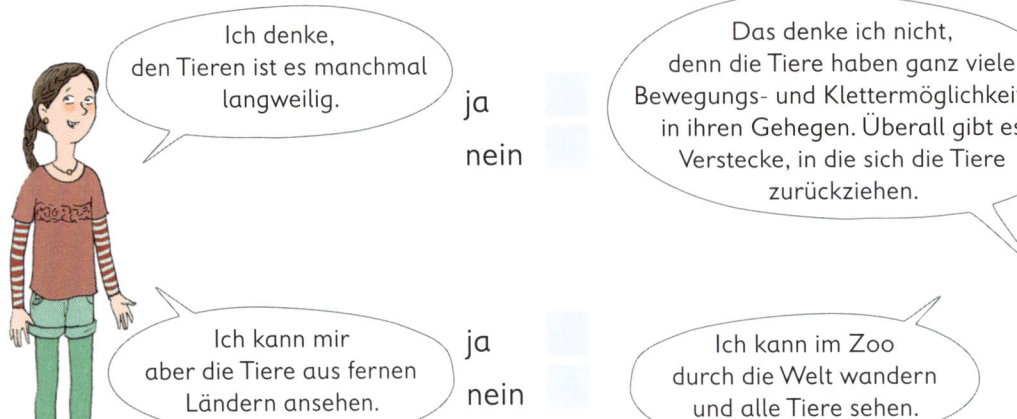

1 Stimmen die Meinungen der Kinder überein? Kreuze an!

Ich denke, den Tieren ist es manchmal langweilig.

ja ☐
nein ☐

Das denke ich nicht, denn die Tiere haben ganz viele Bewegungs- und Klettermöglichkeiten in ihren Gehegen. Überall gibt es Verstecke, in die sich die Tiere zurückziehen.

Warum leben Tiere im Zoo?

Ich kann mir aber die Tiere aus fernen Ländern ansehen.

ja ☐
nein ☐

Ich kann im Zoo durch die Welt wandern und alle Tiere sehen.

2 Stimmst du den Aussagen der Kinder zu? Kreuze an und begründe!

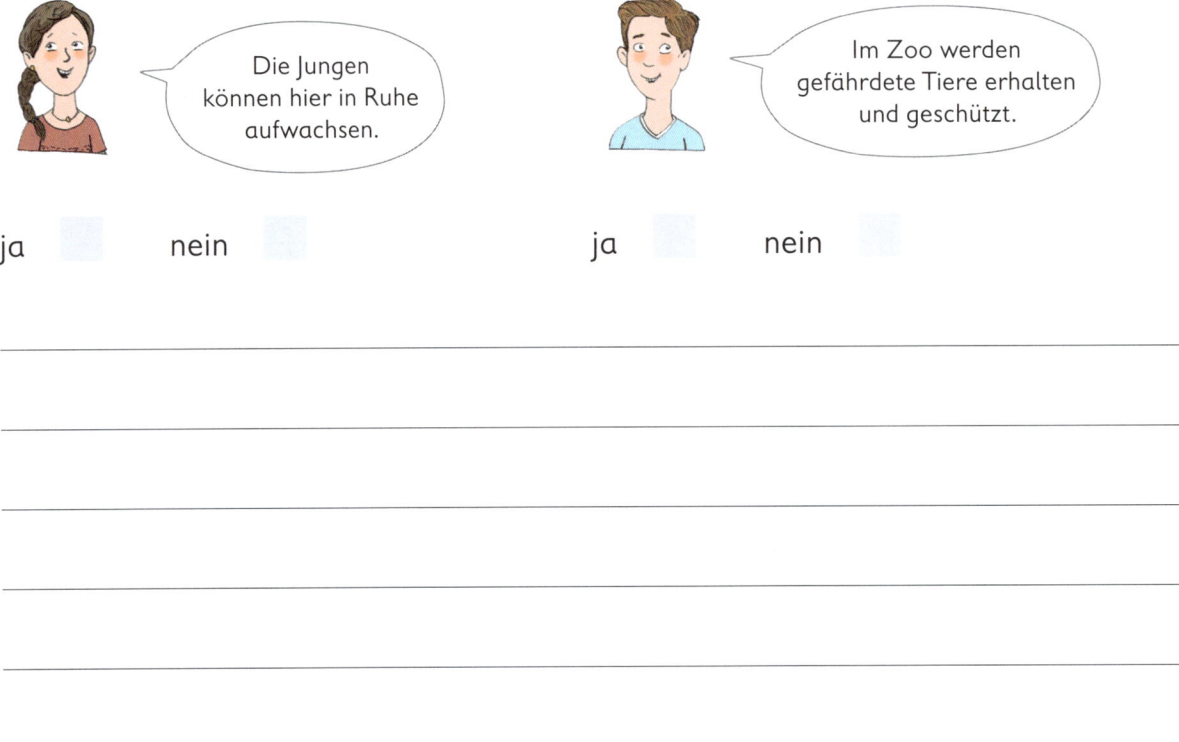

Die Jungen können hier in Ruhe aufwachsen.

Im Zoo werden gefährdete Tiere erhalten und geschützt.

ja ☐   nein ☐   ja ☐   nein ☐

_____

_____

_____

_____

_____

_____

 In vielen Zoos kann man die Patenschaft für ein Tier übernehmen. Begründe, warum!

Wörter mit ss oder ß

1 Schreibe die Verbformen nach Wortfamilien geordnet heraus!
Kennzeichne den kurzen (**.**) und langen (**_**) Selbstlaut!

schließen schloss geschlossen

schließen • ließ
gegossen • gelassen
maß • gießen
lassen • gemessen
schloss • messen
geschlossen • goss

2 Schreibe die Nomen mit Artikel auf!

flussmessermaßkuss

der Fluss

spaßpassstraßefleiß

straußschlosstassenuss

3 Bilde mit jedem Verb einen Satz!

Wir essen
gießen heute in der Schule.
lassen

⭐ Suche Wörter, die in der Einzahl mit **s** und in der Mehrzahl
mit **ss** geschrieben werden!

Kreuz und quer durch unser Land

Mein Bundesland

1 Lies die Informationstafeln und ordne die Bundesländer zu!

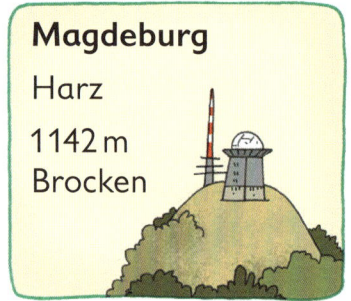

Magdeburg

Harz

1142 m

Brocken

Bundeshauptstadt

Brandenburger Tor

Fernsehturm

Erfurt

Rennsteig

Thüringer Wald

Berlin   Thüringen   Sachsen-Anhalt

Brandenburg   Mecklenburg-Vorpommern   Sachsen

Dresden

Elbe

August
der Starke

Potsdam

Spreewald

Schloss
Sanssouci

Schwerin

Rügendamm

Meereskunde-
museum

2 Was gefällt dir in deinem Bundesland? Schreibe einen Text!

Ich lebe im Bundesland

 Schreibe ein Rätsel zu einer Sehenswürdigkeit in deinem Heimatort!

Mundarten

1   Welches Märchen wird in den Mundarten erzählt? Markiere!

| Aschenputtel | Schneewittchen | Rotkäppchen |

Sächsisch:
Da war aemal ae
gleenes, niedlches Mächen.
Das grichte von seiner
Grossemudder aenne
feierrote Samtgabbe.

Berlinerisch:
Es war mal 'ne kleene,
süße Jöre.
Die lief imma mit 'ne
rote Kappe rum.

2   Lies die Texte in Mundart noch einmal!
Schreibe sie in Hochdeutsch auf!

Es war mal 'ne kleene, süße Jöre.

Es war einmal _____

Die lief imma mit 'ne rote Kappe rum.

_____

3   Welche Wörter gehören zusammen? Verbinde!

 | Schrippe | | der Weg

 | Kauken | | das Brötchen

 | Dume | | der Kuchen

 | Wech | | die Scheibe Brot

 | Bemme | | der Daumen

    Finde heraus, welche Mundarten es in deinem Bundesland gibt!

Ortsangaben

1 Suche im Plan die Sehenswürdigkeit und beantworte die Fragen!

Rathaus – befindet – Marktplatz
Kirche – steht – zwei Denkmäler
Schlossgarten – liegt – Schloss
Fluss – fließt – Brücke
Heimatmuseum – Milchgasse
alte Kastanie – steht – Schule

Wohin geht Anna? Die Sehenswürdigkeit steht neben einem Denkmal.

_____

Wohin fährt Karam? Die Sehenswürdigkeit steht auf dem Berg.

_____

Wohin laufen die Schüler? Die Sehenswürdigkeit liegt am Fluss.

_____

2 Vervollständige die Sätze!

Der Fluss fließt _____ .

Der Schlossgarten liegt _____ .

Die alte Kastanie steht _____ .

am Schloss

an der Schule

unter der Brücke

 Formuliere eine Suchaufgabe mit dem Stadtplan!

© 2017 Cornelsen Verlag GmbH, Berlin
Alle Rechte vorbehalten.

Präpositionen

1 Zeichne Aylas Weg ein! Unterstreiche alle Präpositionen!

Von der Burg zum Rathaus

Ayla geht:

– *von der Burg in die Bergstraße*

– *durch die Kirchallee und die Milchgasse*

– *über die Brücke*

– *den Rathausweg entlang zum Rathaus*

2 Setze die passenden Präpositionen ein!

Entdeckertour _____ der Burg

Karam trifft Karl _____ der Schule.

Beide wollen _____ Burg.

Anna wartet schon _____ der Kasse.

Sie laufen _____ das Drehkreuz _____ den Burghof.

Karam steigt schnell _____ oben _____ den Turm.

Er sieht Anna _____ der Burgküche kommen.

Karl entdeckt _____ der Burgküche eine kleine, alte Tür.

Er überlegt, was _____ der Tür verborgen ist.

auf/durch

zu/vor

zur/neben

in/an

nach/durch

über/bis

nach/neben

um/in

aus/in

zwischen/neben

von/hinter

  Stelle dein schönstes Gebäude aus deinem Heimatort vor!

Sachinformationen entnehmen

1 Wo waren die Schüler gemeinsam? Schreibe es auf!

Im Museum

In diesem Schuljahr waren wir auf einer Unterwasserreise in Stralsund. Dafür brauchten wir aber keine Badesachen. Findet heraus, wo das Ozeaneum ist!

Ozeaneum

2 Markiere die Veranstaltungen, die nicht für Grundschulkinder geeignet sind!

Veranstaltung	Dauer	Preis pro Person	Teilnehmer
Abenteuer Tiefsee	90 min	4,50 €	Kl. 1–4
Plattfische	45 min	3,00 €	Kl. 3–4
Ökologie Nordsee	90 min	5,50 €	Kl. 9–10
Pinguine	30 min	2,50 €	Kl. 1–2
Klimawandel	60 min	4,50 €	Kl. 7–9

3 Kreuze an!

ja　nein

Die Veranstaltung **Plattfische** dauert 60 Minuten.

Die Schüler der Klassen 1 und 2 erforschen **Pinguine.**

Die Führung bei den Pinguinen kostet 2,50 € pro Person.

Das **Abenteuer Tiefsee** kostet für die Klasse 4,50 €.

Ökologie Nordsee ist nur für Schüler ab Klasse 9.

 Welche Tiere leben in der Tiefsee?

© 2017 Cornelsen Verlag GmbH, Berlin
Alle Rechte vorbehalten.

Wörter mit b, d oder g

1 Setze die Silben zu Verben zusammen! Schreibe sie dann geordnet auf!

ha	bie	fin	schie
schwei	schnei	ge	wie
ba	schrei	wer	sa

ben
gen
den

Wörter mit b	**Wörter mit g**	**Wörter mit d**
haben		

2 Verwende die Verben in der richtigen Form!

Anna _schreibt_ für Mama einen Zettel.

Anna, Franz und Karam _____ im See.

Sie _____ die Handtücher ins Gras.

Karam _____ beiden ein Eis.

Franz _____ seinen Fahrradschlüssel nicht.

baden

~~schreiben~~

finden

legen

geben

schieben

3 Ein Verb aus Aufgabe 2 bleibt übrig. Schreibe damit einen Satz!

_____

_____

 Verwende viele der Übungswörter in einem Würfeldiktat!

Zoo der Zukunft

1 Der Leipziger Zoo wurde am 9. Juni 1878
   als kleiner Garten gegründet.

2 Der Gründungsvater Ernst Pinkert zeigte exotische Tiere.

3 Schnell erfreute sich der Zoo großer Beliebtheit.

4 Im Jahr 2000 begann die Umgestaltung.

5 So entstanden interessante Anlagen.

6 Das Pongoland ist mit 30 000 m² die größte Menschenaffenanlage der Welt.

7 Die 1 000 m² große Löwensavanne wurde schon im Jahr 2002 eröffnet.

8 Im Gondwanaland spürt man den tropischen Regenwald.

9 Hier leben 100 exotische Tierarten und etwa 500 Baum- und Pflanzenarten.

10 Seit dem Frühjahr 2015 kann man Nashörner, Geparden und
   Husarenaffen in der 6 000 m² großen „Kiwara-Kopje" beobachten.

1 Markiere alle Adjektive im Text!

2 Wähle ein Adjektiv aus Satz 3 und steigere es in allen Stufen!

_____

_____

3 Setze das passende Adjektiv ein!

Die Giraffenmännchen werden bis zu sechs Meter groß.

Sie sind die _____ Säugetiere an Land.

Über sieben Tonnen können Afrikanische Elefanten wiegen.

Daher sind sie die _____ Säugetiere an Land.

Mit bis zu 120 Stundenkilometern laufen Geparden über die Steppe.

Sie sind die _____ Landsäugetiere.

schnell

groß

schwer

4 Überprüfe die Aussagen mithilfe des Textes! Kreuze an!

	wahr	falsch
Der Leipziger Zoo wurde im Jahr 2000 gegründet.		
In der Löwensavanne leben die Löwen.		
Gondwanaland ist eine Tropenhalle.		
Der Leipziger Zoo besitzt keine Affenanlage.		
Der Gründungsvater Ernst Pinkert zeigte einheimische Tiere.		
In der „Kiwara-Kopje" leben nur Nashörner und Geparden.		

5 Lies den Sachtext! Vervollständige die Tabelle!

Krokodile sind gefährliche und gefräßige Tiere.
Sie leben in Asien und Australien.
Der Kopf des Krokodils ist schmal.
Es hat eine v-förmige Schnauze.
Die Zähne im Unterkiefer sind bei geschlossener Schnauze sichtbar.
Die Farbe der Haut verändert sich im Alter.
Sie leben im Salz- und im Süßwasser.

Krokodil	
Kopf	_____
Schnauze	_____
Zähne im Unterkiefer	_____
Gewässer	_____
Farbe der Haut	_____
Lebensraum	_____

Seltsames und Interessantes

Wörtliche Rede

1 Lies den Text!
Unterstreiche die Begleitsätze und die wörtliche Rede verschiedenfarbig!

2 Setze ab Satz 2 die Zeichen der wörtlichen Rede selbst ein!

Lukas befragt Mia über Tiere, weil sie sich damit gut auskennt.

1 Lukas fragt: „Wie sehen Mistkäfer aus?"

2 Mia sagt: Sie glänzen und schimmern schwarz

3 Lukas möchte wissen: Was fressen Mistkäfer und wo wohnen sie

4 Mia antwortet: Mistkäfer fressen den Kot von anderen Tieren
und wohnen auch darin

3 Schreibe das Gespräch weiter!
Finde eigene Begleitsätze und setze die Zeichen der wörtlichen Rede!

Wie leben Erdferkel?

Wovon ernähren sie sich?

Was ist das Besondere
an Erdferkeln?

leben allein

fressen Ameisen

die Zunge ist einen
halben Meter lang

Lukas fragt weiter: „Wie leben Erdferkel?"

_____

_____

_____

_____

 Finde heraus, was ein Seeschwein ist!

Orts- und Zeitangaben

1 Frage nach den markierten Orts- und Zeitangaben!
Schreibe das Fragewort darunter!

1. **Am Tag** verkriecht sich das Erdferkel **unter der Erde**.

   Wann?   *Wo?*

2. **In der Nacht** läuft es einsam **in der Gegend** umher.

   _____   _____

3. Mauersegler kehren **im April** wieder **aus Afrika** zurück.

   _____   _____

4. Sie können **mehrere Monate lang** ohne Pause **in der Luft** bleiben.

   _____   _____

5. Die kleine Vampirfledermaus passt **in eine Hand**.

   _____

2 Ordne die Orts- und Zeitangaben in die Tabelle!

Ortsangaben (Wo? Wohin? Woher?)	Zeitangaben (Wann? Wie lange?)
unter der Erde	*am Tag*

 Finde weitere seltsame Tiere!

Satzbaupläne

1 Bilde Sätze!

Den ganzen Tag – Faultiere – hängen – in einem Baum

_____

sie – etwa alle 10 Tage – auf den Boden – kommen

_____

2 Übertrage die Satzglieder deiner Sätze in die Satzbaupläne!

in einem	
Baum	

Ortsangabe (Wo?)

Faultiere ← *hängen*

Subjekt · Prädikat

Zeitangabe (Wie lange?)

Ortsangabe (Wohin?)

Subjekt · Prädikat

Zeitangabe (Wann?)

3 Stelle einen der Sätze aus Aufgabe 2 um!

Kann es auch ein Fragesatz werden?

_____

_____

★ Suche interessante Informationen über das Faultier!

Eine Mindmap erstellen

1 Ordne die Gedanken den Oberbegriffen zu! Markiere!

Lebensraum   Nahrung   Besonderheiten

viele Arten

nicht in Polargebieten   Urzeittiere

Allesfresser   auf allen Kontinenten   kauen nicht

gibt es seit Millionen Jahren   sowohl im Wasser als auch an Land

legen Eier in den Sand   verschlingen unzerkleinert

2 Schreibe eine Mindmap dazu!

⭐ Welche Tiere stammen heute noch aus der Urzeit?

Wörter mit langem Selbstlaut

1 Markiere die Wortgrenzen! Unterstreiche die Nomen blau, die Verben rot und die Adjektive grün!

quadrat|stapeln|klar

raberudernquer

federknobelnbequem

schafmalenbrav

WALGEBENSCHMAL

2 Schreibe die Wörter aus Aufgabe 1 geordnet heraus!

Nomen	Verben	Adjektive
das Quadrat	*stapeln*	*klar*

3 Bilde lustige Sätze mit den Wörtern aus Aufgabe 2!

Der Rabe malt brave Federn.

⭐ Finde Zusammensetzungen mit **Wal**!

Wörter mit a/ä oder au/äu

1 Bilde Wortpaare! Markiere **ä** und **a**, **äu** und **au**!

kräftig • träumen   die Kraft • der Traum
quälen • häufig   die Qual • der Haufen
ängstlich • das Gebäude   die Angst • bauen

kräftig – die Kraft

_____

_____

2 Entscheide! Kontrolliere mit dem Wörterbuch!

F [eu]/[äu] er   R [ä]/[e] tsel   Tr [e]/[ä] ne

das Feuer   _____   _____

N [ä]/[e] sse   Z [eu]/[äu] gnis   tr [äu]/[eu] men

_____   _____   _____

 3 Unterstreiche die Fehler im Text und berichtige sie!

In der Nacht <u>treume</u> ich häufig alles durcheinander.

In meinem Mathematikheft stehen Retsel.

Ich laufe engstlich auf dem Schulhof umher.

Seit wann ist es denn hier gefehrlich?

Auf meinem Zäugnis stehen lauter Nullen.

träumen – der Tra<u>u</u>m

träume

_____

_____

_____

_____

⭐ Schreibe ein Rätsel für deine Mitschüler!

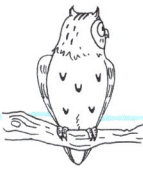

Im Frühling

Satzglieder verwenden

holen • mitbringen • bepflanzen
schütten • einsetzen • streuen
gießen

1 Setze die passenden Prädikate ein!

Die Schüler der Klasse 4a _____ den Frühling in die Schule.

Jeder _____ etwas _____.

Gemeinsam _____ sie einen großen Frühlingskorb.

Karam _____ Erde in den Korb.

Die Mädchen _____ Tulpen und Primeln in verschiedenen Farben _____.

Karl _____ Dünger auf die Erde.

Einige Schüler _____ die Pflanzen vorsichtig.

Frühlingsfest

2 Verbinde! Schreibe zwei Sätze auf!

Subjekt	Prädikat	Satzergänzungen
wir	verfolgen	den Wetterbericht
alle Kinder	feiern	das Frühlingsfest
viele Stationen	aufführen	ein Theaterstück
die Kinder	stattfinden	draußen

_____

_____

_____

_____

_____

⭐ Schreibe ein Frühlingsgedicht!

Aufforderungen

1 Setze die richtige Aufforderung ein!

Schiffe-Wettpusten

> Material: ein mit Wasser gefülltes Gefäß, zwei Papierschiffe

antreten   *Tretet* gegeneinander *an*!

füllen   _____ ein großes Gefäß mit Wasser!

nehmen   _____ ein Papierschiff!

setzen   _____ die Papierschiffe am Rand auf das Wasser!

lospusten   _____ auf Pfiff _____!

2 Schreibe Aufforderungssätze!

Rollerskates fahren

Fahr mit den Rollerskates!

Ball in den Korb werfen

_____

Ball ins Tor schießen

_____

mit dem Seil springen

_____

 3 Fordere deinen Freund zum Spiel auf! Male und schreibe!

_____

_____

⭐ Erfinde ein eigenes Spiel!

Wörter mit ie

1 Setze das passende Verb ein!

ziehen • kriechen • schieben • riechen • ~~biegen~~
fließen • schließen • frieren • gießen • verlieren

den Draht _biegen_ _____ die Tränen _____

im Winter _____ die Türen _____

die Blumen _____ den Schlüssel _____

den Wagen _____ mit der Nase _____

unter die Decke _____ den Zahn _____

 2 Schlage im Wörterbuch nach! Setze dann **i** oder **ie** ein!
Schreibe die Wörter geordnet auf!

6 x **ie**
und
3 x **i**!

v ie l	schw rig	die M tte	die K fer	w gen

m xen	n mals	sch f	der Bl ck

ie:
(6 Wörter): _viel_ _____

_____

i:
(3 Wörter): _____

 3 Suche verwandte Wörter!

zielen, das Ziel _____

die Information _____

friedlich _____

 Finde Tiere, die mit **i** geschrieben werden!

Wörter mit h nach langem Selbstlaut

1   Bilde Verben und vervollständige die Tabelle!

glü- nä- dre- ru- blü- sprü- dro- hen

	Grundform	in Silben zerlegt
	glühen	*glü – hen*
	____	____
	____	____
	____	____
	____	____
	____	____
	____	____

2   Bilde zusammengesetzte Nomen!

Draht • Frühling
rühren • schneiden
Stuhl • bohren

Kuchen • Seil
Zahn • Blume
Bein • Maschine

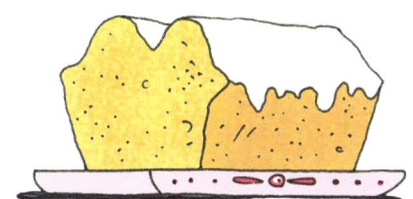

das Drahtseil _____

_____

 3   Trenne die Wortgrenzen! Schreibe die Sätze richtig auf!

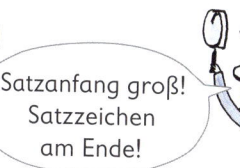

Satzanfang groß!
Satzzeichen
am Ende!

imfrühlingblühendietulpen

Im Frühling _____

EINEHÖHLENWANDERUNGKANNGEFÄHRLICHWERDEN

_____

_____

⭐   Erzähle eine Geschichte mit den Wörtern **geschehen**, **Rehe** und **froh**!

Frühling

1 Ende Februar sind schon Vogelschwärme am Himmel zu sehen.

2 Die Zugvögel kehren aus wärmeren Ländern zurück.

3 Im März suchen die Vögel auf Bäumen und an Gebäuden Nistplätze.

4 Igel und Eichhörnchen kommen aus ihren Winterquartieren.

5 Zwischen März und April beenden viele Tiere den Winterschlaf, die Winterruhe oder die Winterstarre.

6 Auch die Insekten schwirren und summen in der Luft herum.

7 Kröten, Frösche und Molche kommen wieder aus ihren Verstecken hervorgekrochen.

8 Sie wandern mehrere Tage, um in einem Gewässer zu laichen.

1 Unterstreiche die Zeitangaben und die Ortsangaben unterschiedlich!

2 Frage in Satz 1 nach der Zeit- und der Ortsangabe!

Zeitangabe: _____

_____

Ortsangabe: _____

3 Bilde einen Satz mit diesen Wörtern und schreibe ihn in den Satzbauplan!

jedes Jahr • auf dem hohen Turm
die Störche • bauen • ihr Nest

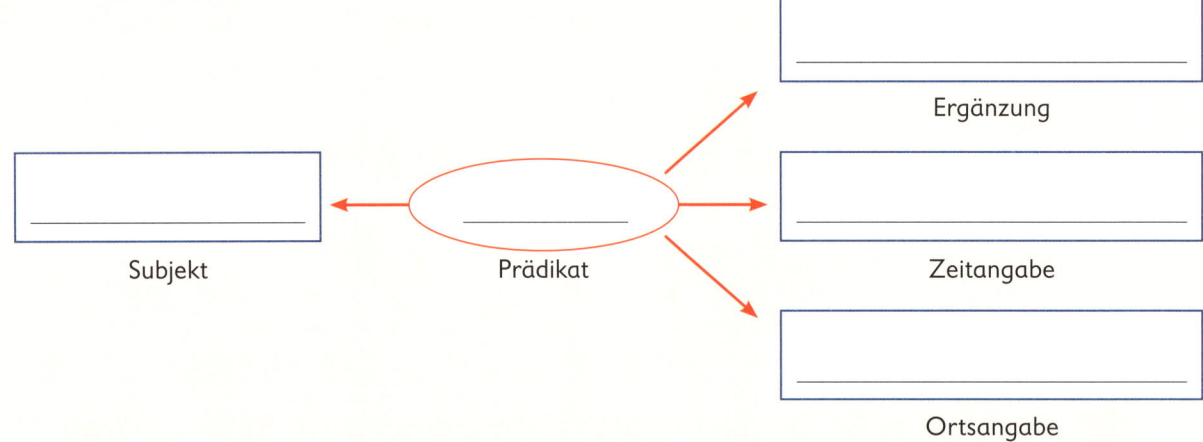

Subjekt

Prädikat

Ergänzung

Zeitangabe

Ortsangabe

© 2017 Cornelsen Verlag GmbH, Berlin
Alle Rechte vorbehalten.

1  **2**   **3**

4 Ordne die Informationen den Oberbegriffen zu! Markiere!

Merkmale   Pflanzenwelt   Wetter

Natur erwacht zum Leben   viele Frühblüher

Temperaturen steigen   Schneeglöckchen blüht zuerst

Tage werden länger   Osterfest   oft noch Bodenfrost

wechselndes Aprilwetter   Frühlingsanfang

die Baumblüte der Obstbäume   manchmal Eis und Schnee

5 Übertrage die Informationen in eine Mindmap!

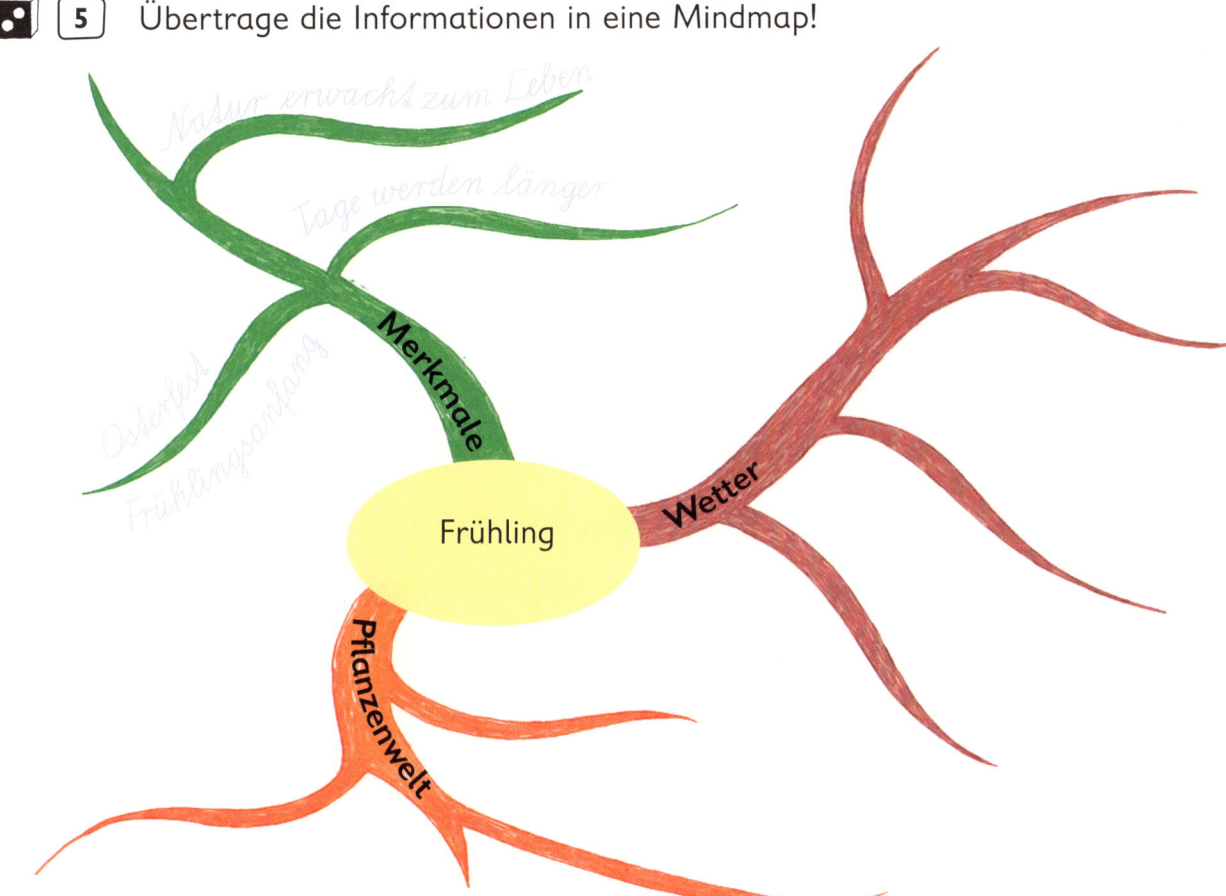

6 Schreibe einen kurzen Informationstext!

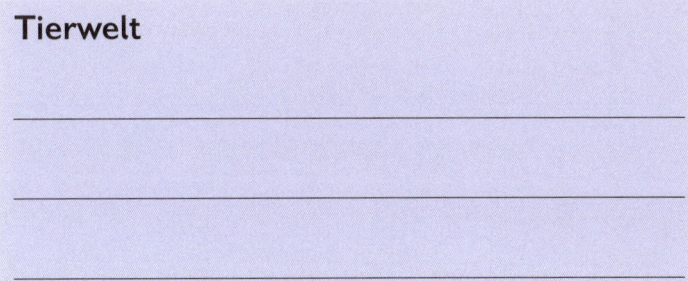

Tierwelt

_____

_____

_____

Zugvögel kehren zurück

die Vögel bauen ihre Nester

die Tiere erwachen

Kröten und Frösche wandern

Unsere Welt

Informationen suchen

1 Markiere im Text die Antworten zu den Fragen!
Schreibe die Antworten in Stichpunkten auf!

Schule in Afrika

In afrikanischen Ländern können nicht alle Kinder zur Schule gehen.

Vor allem die Mädchen betreuen ihre kleinen Geschwister.

Vielen Eltern fehlt das Schulgeld. Die Schule ist oft sehr weit entfernt.

Der Schulweg kann zwei bis drei Stunden dauern.

Er ist gefährlich, denn Zebras oder Elefanten können den Schulweg kreuzen.

In einem Klassenraum lernen bis zu 60 Schüler.

Sie sitzen auf dem Boden oder auf Steinen.

Nur wenige Kinder haben Bücher, Hefte und Stifte.

Trotzdem gehen sie gern zur Schule.

1. Wohin können nicht alle Kinder gehen?

_____

2. Wie lange kann der Schulweg dauern?

_____

3. Wer kann den Weg der Kinder kreuzen?

_____

2 Schreibe die passenden Fragen zu den Antworten auf!

Wie viele Schüler

bis zu 60 Schüler

_____

Bücher, Hefte und Stifte

⭐ Informiere dich im Internet über besondere Schulwege in anderen Ländern!

Satzglieder bestimmen

1 Kennzeichne in jedem Satz die Satzglieder!

1 Alle Kinder spielen am liebsten im Freien.

2 Ballspiele werden auf der ganzen Welt gespielt.

3 **Fangen** und **Verstecken** kennt jedes Kind.

4 Viele Spiele haben Tiernamen.

5 Kinder in Marokko spielen **Henne und Raupe**.

6 **Löwenfalle** heißt ein Fangspiel in Namibia.

7 Das Spiel **Der Bär schläft** ist in Kanada beliebt.

2 Frage in den Sätzen 1 und 7 nach dem Subjekt!
Schreibe die Fragen auf!

Satz 1 Frage: _____

Satz 1 Subjekt: _____

Satz 7 Frage: _____

Satz 7 Subjekt: _____

3 Bilde aus den Satzgliedern einen Aussagesatz und einen Fragesatz!

| spielen | Katz und Maus | oft | bei uns | die Kinder |

_____

_____

_____

_____

⭐ Suche weitere Spiele mit Tiernamen! *Hase und Jäger, ...*

Der Begleitsatz in der wörtlichen Rede

1 Unterstreiche den Begleitsatz und kreuze an!
Ergänze die fehlenden Zeichen der wörtlichen Rede!

	Der Begleitsatz steht:		
	davor	dazwischen	dahinter
„Am Sonntag waren wir im Planetarium", <u>erzählen Karl und Tessa.</u>			x
Max fragt: „Was habt ihr dort gemacht?"			
„In einer großen Kuppel", berichtet Karl, „war ein künstlicher Sternenhimmel zu sehen."			
Viele Sternbilder wurden erklärt ergänzt Tessa.			
Emma ruft Dorthin könnten wir doch einen Klassenausflug machen			
Wir fragen morgen einfach unsere Lehrerin schlägt Max vor.			

2 Markiere farbig, was zusammenpasst!
Schreibe das Gespräch auf!

Achte auf
die Zeichen
der wörtlichen Rede!

die Lehrerin	fragt	Wir machen mit!
Max	rufen	Wer will mit ins Planetarium?
viele Schüler	sagt	Ich werde mich dort erkundigen.

 Erkunde den Unterschied zwischen einem Planetarium
und einem Observatorium!

Wörter mit ck oder k, tz oder z

1 Löse das Rätsel!

1. Der Postbote bringt ein P ä c k c h e n .

2. Ich wünsche dir viel · c k .

3. Am Morgen klingelt mein c k .

4. Mein Fahrrad hat vorn einen k .

5. Ich bekam einen großen c k .

6. Am Himmel ist eine k .

7. Ich schreibe auf meinen c k .

2 Schreibe zum Bild eine Geschichte!
Die Wörter im Kasten können dir helfen.

Hitze

Wurzel

Blitz

Schmerz

Spritze

Arzt

verletzen

stürzen

plötzlich

_____

_____

_____

_____

_____

_____

_____

_____

 Denke dir ein Rätsel aus! Verwende Wörter mit **ck** oder **tz**!

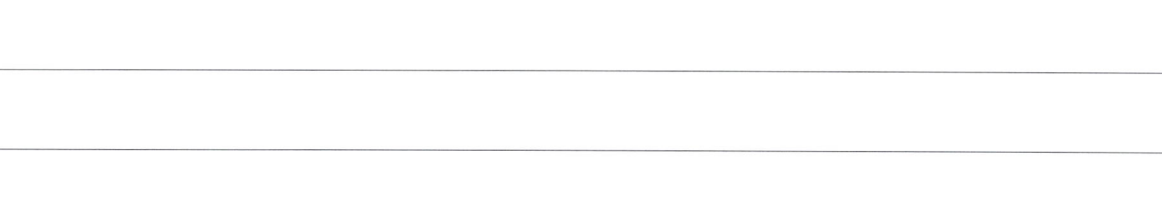

© 2017 Cornelsen Verlag GmbH, Berlin
Alle Rechte vorbehalten.

Mit Medien leben

Diagramme auswerten

1 Die Kinder der 4. Klassen nutzen Computer und Tablet unterschiedlich.
Übertrage die Angaben des Diagramms in die Tabelle!

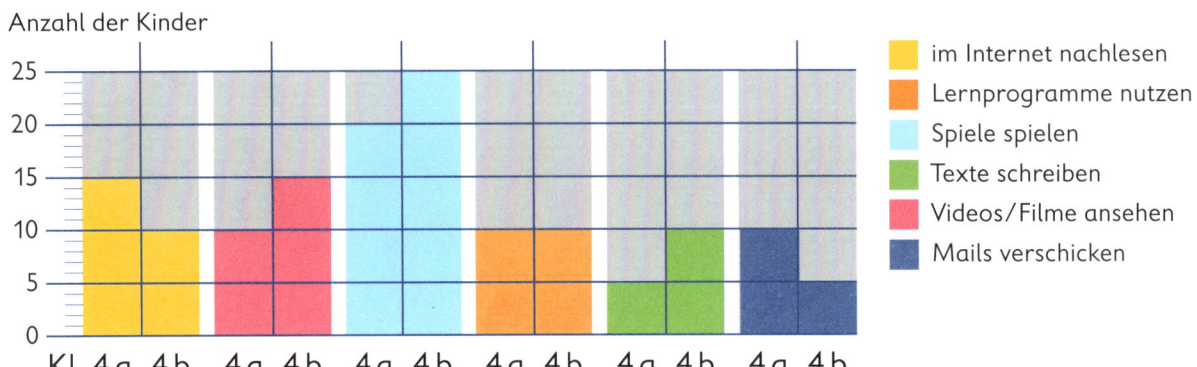

Anzahl der Kinder

- ⬜ im Internet nachlesen
- 🟧 Lernprogramme nutzen
- ⬜ Spiele spielen
- 🟩 Texte schreiben
- 🟥 Videos/Filme ansehen
- 🟦 Mails verschicken

Computer/Tablet	Kinder der Klasse 4a	Kinder der Klasse 4b
im Internet nachlesen		
Videos/Filme ansehen		
Spiele spielen		
Lernprogramme nutzen		
Texte schreiben		
Mails verschicken		

2 Beantworte die Fragen!

Was lieben die Kinder am meisten? _____

Wie viele Kinder der Klasse 4a verschicken Mails? _____

Was wird in beiden Klassen gleich oft verwendet? _____

Wozu nimmst du den Computer oder das Tablet?

_____

_____

 Welche Kindersuchmaschine ist in deiner Klasse am beliebtesten?

Fachbegriffe verwenden

1 Ordne die Fachbegriffe richtig zu!

Schlagzeile • Anreißer • Aufmacher • Zeitungskopf • Artikel • Bildaufmacher

Wildberg, 8. Juni 2017

KLOPFER
Die Waldschulzeitung

_____

Starkregen überschwemmt Festplatz!

_____

Kindertagsfest fiel ins Wasser!

_____

Waschbär auf dem Vormarsch! Interview mit dem Förster auf Seite 2.

Zum diesjährigen Kindertag war an der Waldschule wieder ein großes Fest geplant. Viele fleißige Helfer hatten schon monatelang Vorbereitungen getroffen. Durch wochenlangen Regen war der Boden des Festplatzes aufgeweicht. Trotzdem hofften alle auf trockenes Wetter. Doch ein heftiges Gewitter mit Starkregen und Blitzen

Aktion Stoffbeutel gegen Plastiktüte voller Erfolg! Schüler malen für die Umwelt. Seite 4

Fahrraddieb endlich gefasst! Polizei dankt aufmerksamen Schülern. Artikel auf Seite 2.

_____

_____

_____

 Stelle eine Zeitung oder Zeitschrift in der Klasse vor!

Ideen für die Klassenzeitung sammeln

1 Schreibe Stichwörter zu den Oberbegriffen!

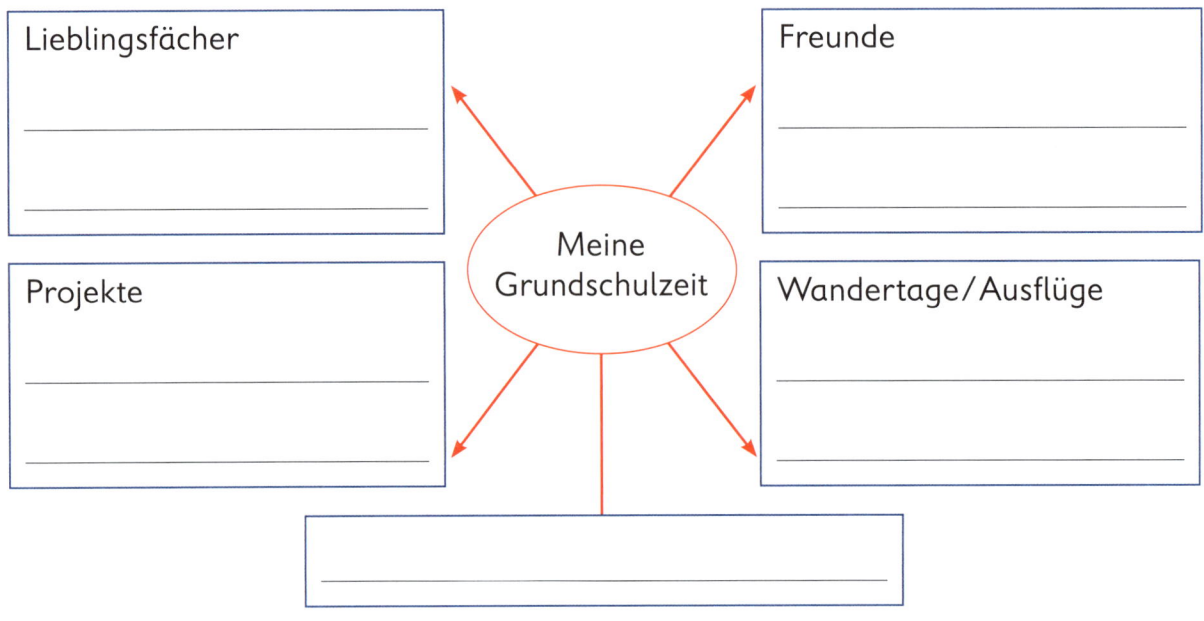

Lieblingsfächer

_____

_____

Freunde

_____

_____

Meine
Grundschulzeit

Projekte

_____

_____

Wandertage/Ausflüge

_____

_____

_____

_____

2 Schreibe die Sätze zu Ende!

Am liebsten saß ich neben _____ .

Der schönste Ausflug _____ .

Am lustigsten war _____ .

Ich werde mich gern an _____ erinnern.

3 Schreibe ein Akrostichon zu deiner Grundschulzeit!

K _____

L _____

A _____

S _____

S _____

E _____

S PORT

C HOR

H OFPAUSE

U NTERRICHT

L EHRER

E INMALEINS

⭐ Entwirf Schlagzeilen für eure Klassenzeitung!

Einen Bericht schreiben

1 Schreibe das passende Fragewort vor jede Zeile!

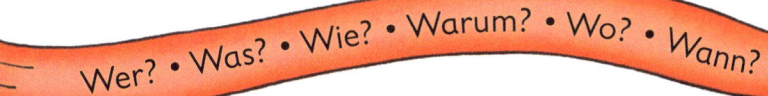

Wer? • Was? • Wie? • Warum? • Wo? • Wann?

_____	Feueralarm
Warum?	Training für den Notfall
_____	schnell und ruhig
_____	Dienstag, 3. Stunde
_____	in unserer Schule
_____	alle Schüler und Lehrer

2 Schreibe mit den Stichpunkten aus Aufgabe 1 einen Bericht!
Du kannst die Verben aus der Liste verwenden.

Beachte!
– Präteritum
– Überschrift
– knapp, sachlich

hören • sich anstellen • laufen • sich versammeln

Feueralarm

_____

_____

_____

_____

_____

_____

_____

⭐ Besprecht in der Klasse, wie ihr euch bei einer Alarmübung verhalten müsst!

Einen Bericht überarbeiten

1 Unterstreiche in Emmas Text die Antworten auf die Fragen unterschiedlich!

Was fand statt? | Wer war beteiligt? | Wann geschah es?

Wo fand es statt? | Wie lief es ab?

Ein Ausflug zum Bach

Unsere Klasse hatte Wandertag. Wir trafen uns vor der Schule.

Dann gingen wir eine Weile und kamen zum Steinbach.

Dort wollten wir kleine Wassertiere beobachten.

Dann holten wir unsere Kescher und fingen die Tiere vorsichtig ein.

Dann schauten wir die Tiere im Glas an und schrieben

unsere Beobachtungen auf.

Dann wurden alle Tiere wieder ins Wasser gesetzt.

Dann liefen wir wieder in unsere Schule zurück.

Emma

2 Welche Information fehlt? Ergänze sie!

3 Überarbeite den Bericht! Denke an unterschiedliche Satzanfänge!

Zuerst …

Anschließend …

Danach …

Bald darauf …

Nun …

Endlich …

Am Schluss …

 Schreibe einen Artikel für eure Zeitung auf!

Wortbausteine -heit, -keit, -nis, -ung

1 Markiere die Nomen mit **-ung** (2 Wörter), **-nis** (4 Wörter)
und **-heit** (1 Wort)! Schreibe sie auf!

S	Z	E	U	G	N	I	S	C	V	M
A	E	Z	M	O	P	T	Q	P	F	L
M	E	R	L	E	B	N	I	S	R	O
M	D	F	E	J	K	L	W	M	E	R
L	S	H	I	N	D	E	R	N	I	S
U	D	F	T	U	I	O	L	K	H	U
N	X	A	U	K	E	O	G	H	E	B
G	C	D	N	W	I	L	D	N	I	S
W	H	G	G	N	X	L	P	B	T	N

_____

_____

_____

_____

_____

_____

2 Bilde Nomen! Kreuze den richtigen Wortbaustein an!

entfernen	-heit	-keit	-nis	-ung	*die Entfernung*
erleben	-heit	-keit	-nis	-ung	_____
pünktlich	-heit	-keit	-nis	-ung	_____
sicher	-heit	-keit	-nis	-ung	_____
wandern	-heit	-keit	-nis	-ung	_____
gesund	-heit	-keit	-nis	-ung	_____
sauber	-heit	-keit	-nis	-ung	_____
geheim	-heit	-keit	-nis	-ung	_____

 Erzähle eine Geschichte mit den Wörtern **Erlebnis**, **Dunkelheit**, **Spannung**
und **Einsamkeit**!

Der Planet Mars ist unserer Erde am ähnlichsten.

Er ist etwa halb so groß wie die Erde.

Seine Wüstenlandschaften sind mit braunrotem Staub bedeckt.

Deshalb nennt man den Mars auch den **roten Planeten**.

Dort herrschen Temperaturen von minus 56 °C und eine sehr hohe Strahlung.

Ein Raumschiff würde bis zum Mars ungefähr acht Monate benötigen.

1 Beantworte die Fragen in Stichpunkten!

Warum heißt der Mars auch der **rote Planet**?

_____

Wie groß ist der Mars?

_____

Wie lange würde ein Raumschiff dorthin fliegen?

_____

2 Schreibe die Frage zu dieser Antwort auf!

Frage: _____

Antwort: minus 56 °C

3 Bilde aus den Satzgliedern Sätze und schreibe sie auf!
Markiere die Subjekte und die Prädikate!

eine geringere Masse   der Mond   hat   als die Erde

ein Drittel ihres Erdgewichts   die Astronauten   dort   wiegen

_____

_____

_____

4 Schreibe zu jedem Wortbaustein zwei Nomen auf!

-nis _____

-ung _____

-heit _____

-keit _____

5 Formuliere die Sätze in wörtlicher Rede! Setze den Redebegleitsatz einmal davor und einmal dahinter!

Max erzählt Leonie, dass er in der Raumfahrtausstellung war.

_____

_____

Leonie fragt Max, was ihm dort am besten gefallen hat.

_____

_____

6 Schreibe mit den Angaben einen Bericht!

Samstag, 21. Mai   zwei zehnjährige Kinder

spielten in abgesperrter Baustelle   Junge stürzte in Grube

Freund holte Hilfe   kam mit Beinbruch ins Krankenhaus

Polizei informierte Eltern

Unfall auf der Baustelle

_____

_____

_____

_____

_____

Für Krimiliebhaber und Gruselfans

Eine Person beschreiben

1 Markiere Informationen über das Aussehen des Diebes!

Der Diebstahl

Paula und Max waren auf dem Weg in den Computerraum.
Plötzlich kam ihnen ein Fremder im blauen Arbeitsanzug aus dem Raum entgegen.
Unter dem Arm trug er ein Notebook.
Der Diebstahl wurde schnell bemerkt.
Später befragte ein Polizist alle Personen, die etwas beobachtet hatten.

Hausmeister: „Ein Mann ist mit einem Notebook unterm Arm
über den Schulhof gerannt.
Er war *ziemlich groß*.“

Paula: „Er hat mich fast umgerannt!
Sah er in seinem blauen Anzug nicht
wie ein Handwerker aus?“

Max: „Sein Gesicht war schmal,
ich glaube, er war noch nicht alt.“

2 Welche Person wird im Text beschrieben?
Kreuze an!

3 Beschreibe nun diese Person in Sätzen!

Aussehen	rundes Gesicht, kurze blonde Haare
Körperbau	groß und kräftig
Kleidung	buntes Hemd, graue Hose, Turnschuhe
Besonderheit	Gipsarm

_____

_____

_____

_____

 Drücke mit Wasserfarbe deinen Daumenabdruck auf ein weißes Blatt
und fertige einen Steckbrief über dich an!

Einen Rollensteckbrief schreiben

1 Wähle ein Kind aus der Geschichte „Der Diebstahl" aus!

☐ Paula   ☐ Max

2 Schreibe für deine Figur einen Rollensteckbrief!
Nutze das Beispiel und passende Wörter!

ruhig • leise • *35 Jahre* • flüsternd • stotternd • 10 Jahre • aufgeregt • laut
unsicher • überlegt • *sachlich* • 46 Jahre • ängstlich • *konzentriert* • schnell
nachdenklich • *aufmerksam* • durcheinander • *freundlich* • klar • *sicher*

Ich spiele diese Rolle:
der Polizist

Mein Alter ist:
35 Jahre

So spreche ich:
sachlich, freundlich

So fühle ich mich:
*sicher, konzentriert,
aufmerksam*

Ich spiele diese Rolle: _____

Mein Alter ist: _____

So spreche ich: _____

_____

So fühle ich mich: _____

_____

3 Schreibe einige Sätze zu deiner Rolle! Nutze deinen Rollensteckbrief!

*Ich spiele einen
Polizisten. Ich bin
in dieser Rolle
35 Jahre alt.
Ich spreche zu den
befragten Personen
sachlich und
freundlich. Ich fühle
mich sicher und
höre konzentriert
und aufmerksam
zu.*

Ich spiele die Rolle von _____

Ich bin _____ alt.

Ich spreche _____

_____

_____

_____

_____

 Erkunde, warum ein Einsatzfahrzeug der Polizei **Streifenwagen** heißt!

Einen Krimi schreiben

1 Male das letzte Bild der Geschichte!

2 Kreuze an, welche Überschrift du nehmen würdest!

☐ Das leckere Eis   ☐ Zwei Diebe

☐ Im Supermarkt   ☐ Gut beobachtet!

3 Schreibe den Krimi auf!

_____

_____

_____

_____

_____

_____

_____

Eis essen

beobachten

eine große Tüte

nicht bezahlt

versteckt

heimlich

gestohlen

beraten

überlegen

anrufen

Hilfe holen

 Stelle einen Kinder-Krimi vor!

Wörter mit Qu/qu

 1 Suche die Rätsellösungen im Wörterbuch!
Ergänze die Seitenzahl!

> Alle Wörter beginnen mit Qu/qu!

	Küchengerät:		Seite _____
	Tier:		Seite _____
	geometrischer Körper:		Seite _____
	Instrument:		Seite _____
	Kernobst:		Seite _____
	Speiseprodukt aus Milch:		Seite _____
	Kartenspiel:		Seite _____
	geometrische Fläche:		Seite _____

2 Ergänze die Wortgruppen mit passenden Verben!

quetschen • quaken • quietschen • quengeln • quieken • quirlen • quasseln

wie ein Frosch _____

den Finger in der Tür _____

das Ei _____

wie ein Kleinkind _____

wie ein Ferkel _____

3 Zwei Verben bleiben übrig.
Schreibe mit ihnen zwei eigene Wortgruppen auf!

_____

_____

 Entdecke Namen mit **Qu/qu**!

Im Sommer

Mit Wortfeldern arbeiten

1 Ordne die Verben richtig in die Tabelle ein!

Wortfeld **gehen**	Wortfeld **sagen**
krabbeln	*schreien*

krabbeln
schreien
brummen
flüstern
schleichen
rufen
hüpfen
flitzen
watscheln
plappern
murmeln
stolzieren

2 Setze passende Verben ein!

Die Kinder beobachten Tiere auf der Wiese.

Viele Käfer _____ auf Grashalmen.

Die Hummel _____ laut.

Zwei Störche _____ über die Wiese.

Ein Grasfrosch _____ schnell davon.

Die Katze _____ durchs Gras.

Die Kinder _____ leise miteinander.

krabbeln
brummen
stolzieren
hüpfen
schleichen
flüstern

3 Wähle zwei andere Verben aus Aufgabe 1 aus und schreibe einen Satz!

_____

 Schreibe ein Leporello mit dem Wortfeld **lachen** oder **weinen**!

Ein Sommergedicht schreiben

1 Ordne die Wörter und Wortgruppen richtig zu!
Ergänze eigene Beispiele!

Ich genieße den Sommer mit allen Sinnen!

riechen _Seeluft_ _____

schmecken _____

hören _____

sehen _____

fühlen _____

Zitroneneis
Seeluft
Bienensummen
Schwimmbad
Blütenduft
Erdbeeren
Berge
weiches Gras
warmer Sand
Meeresrauschen

2 Schreibe dein Sommergedicht!

Sommer

Sommer riecht _____

Sommer schmeckt _____

Sommer sieht aus wie _____

Sommer klingt nach _____

Sommer fühlt sich an wie _____

Sommer ist _____

 Gestaltet eure Gedichte auf Schmuckblättern und stellt sie aus!

Fremde Sprachen untersuchen

1 Ordne die Begrüßungsformeln den Ländern zu!
Die Flaggen können dir helfen!

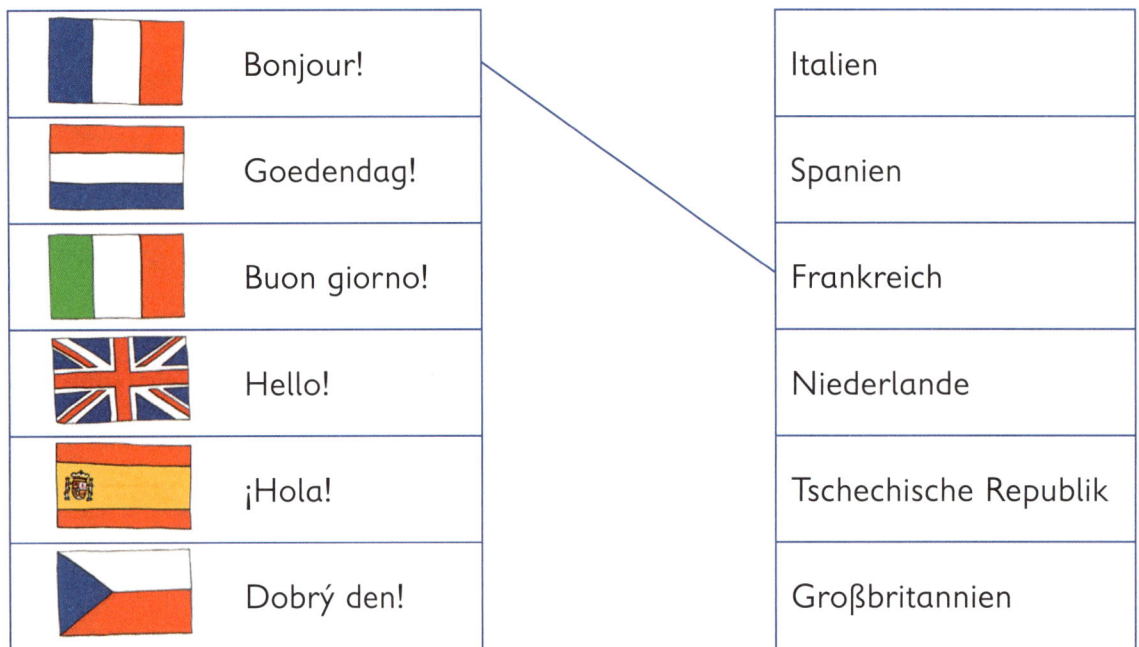

🇫🇷	Bonjour!		Italien
🇳🇱	Goedendag!		Spanien
🇮🇪	Buon giorno!		Frankreich
🇬🇧	Hello!		Niederlande
🇪🇸	¡Hola!		Tschechische Republik
🇨🇿	Dobrý den!		Großbritannien

2 Vergleiche die Zahlwörter! Kreise gleiche Wörter ein und markiere ähnliche Zahlwörter!

deutsch	französisch	italienisch	niederländisch	englisch	spanisch
eins	un	uno	een	one	uno
zwei	deux	due	twee	two	dos
drei	trois	tre	drie	three	tres
vier	quatre	quattro	vier	four	cuatro
fünf	cinq	cinque	vijf	five	cinco

3 Werte deine Vergleiche aus!

Ich finde, am ähnlichsten sind sich die Sprachen _____

_____

 Kannst du diese niederländischen Sommerwörter erkennen:
zomer, zon, zwemmen?

Wörter mit doppelten Mitlauten

1 Löse das Rätsel!

menschenähnliches Tier

wirft jeder bei Sonne auf den Boden

eine Jahreszeit

Regen, Blitz und Donner

ein Wochentag

 2 Schreibe auf jeden Sonnenstrahl ein verwandtes Wort!

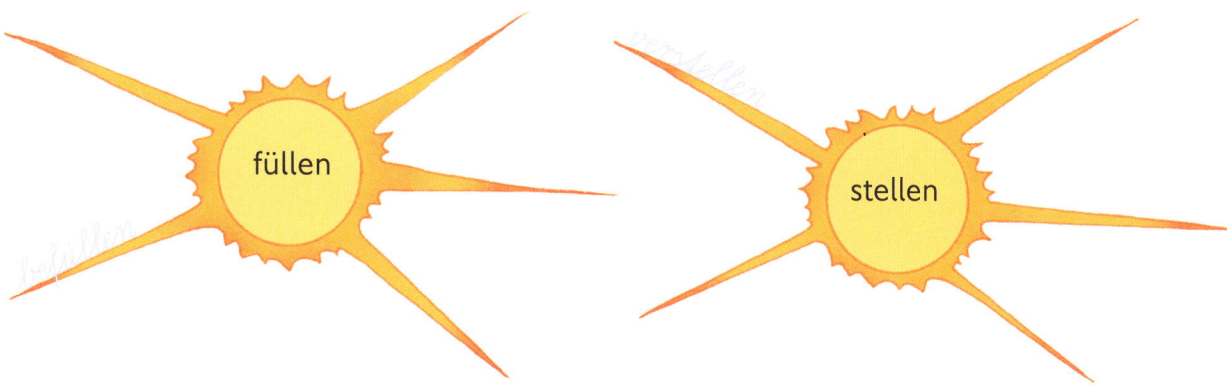

füllen

stellen

3 Unterstreiche alle Fehlerstellen!
Schreibe den Text richtig ab!

Am Donerstag haben wir uns am Fluss getroffen.

Wir wollten dort schwimen. Zuerst schien die Sone heiß herab.

Dann zogen dunkle Gewiterwolken auf.

Schnel rannten wir wieder zurück.

Findest du alle fünf Fehler?

_____

_____

_____

_____

 ⭐ Schreibe jeweils einen Satz, der den Unterschied
Mann – **man**, **denn** – **den**, **ist** – **isst** erkennen lässt!

Auf in Klasse 5!

Max und Leon kaufen nach der Schule im Supermarkt ein Eis.

In der Mittagshitze sitzen sie im kühlen Schatten.

Vor dem Eingang steht ein tolles Fahrrad.

„So ein Rad will ich später auch einmal haben", meint Max.

Ein junger Mann mit Kapuzenpulli öffnet das Fahrradschloss.

Es klappt nicht sofort und er sieht sich dabei ständig um.

Schließlich fährt er schnell davon.

Nach einer Weile kommt ein Mann aus dem Laden.

Er schüttelt den Kopf. Plötzlich ruft er: „Mein Rad ist weg!

Jemand hat mein Rad gestohlen!"

1 Gib der Geschichte eine passende Überschrift!

_____

2 Unterstreiche im Text alle Wörter mit doppeltem Mitlaut!
Schreibe sie nach Wortarten geordnet auf!

Nomen	Verben	Adjektive
_____	_____	_____
_____	_____	_____
_____	_____	_____
_____	_____	_____

3 Schreibe den ersten Satz in den Satzbauplan!

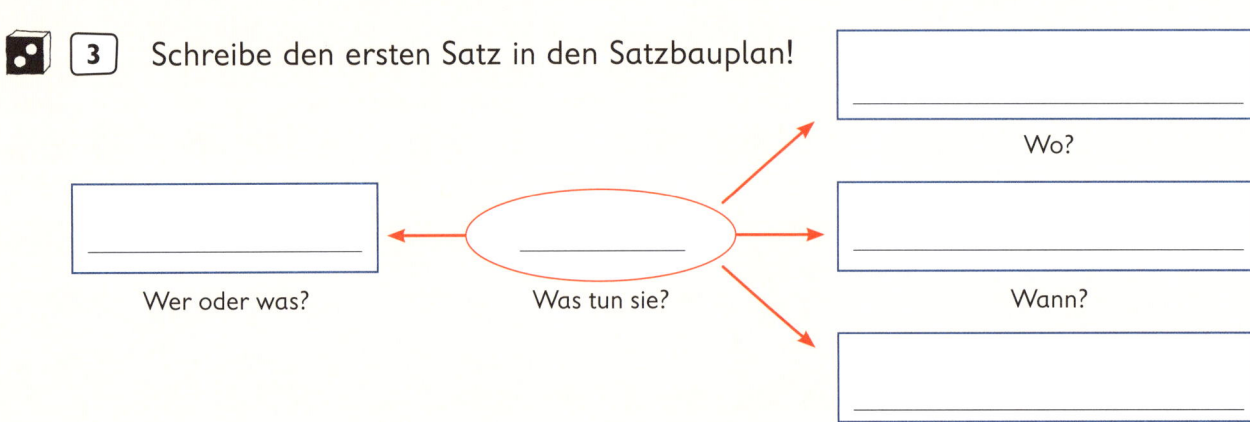

Wer oder was?   Was tun sie?   Wo?   Wann?   Wen oder was?

1 ☺ ☹   **2** ☺ ☹   **3** ☺ ☹

4 Ordne die Verben richtig zu! Ergänze jeweils noch ein Verb!

schimpfen • schleichen • quengeln • humpeln • schlurfen • jubeln
fliehen • brüllen • quasseln • schlendern

Wortfeld **laufen**:

_____

_____

Wortfeld **sagen**:

_____

_____

5 Setze passende Verben aus Aufgabe 4 ein!

Wir _____ durch den Park.

Der Torschütze _____ laut.

Ein verletzter Spieler _____ vom Platz.

Der Dieb _____ um die Ecke.

6 Schreibe die Geschichte von Seite 78 weiter!

_____

_____

_____

_____

_____

_____

_____

_____

4    **5**    **6**

Sprachfreunde *4*

Arbeitsheft Fördern
Ausgabe Nord

Erarbeitet von
Katrin Junghänel, Susanne Kelch und Andrea Knöfler

Unter Einbeziehung der Ausgabe von
Susanne Kelch, Andrea Knöfler, Heike Schindler und
Heike Wessel

Unter Beratung von
Carmen Blätter (Schöneiche)
Dagmar Diewald (Rositz)
Melanie Föhrigen (Dessau)
Jenny Glase (Berlin)
Heike Redel (Berlin)
Kerstin Wehlend (Biederitz)

Redaktion: Christina Nier

Illustration: Katja Wehner,
Uta Bettzieche (Hund und Detektiv)

Umschlaggestaltung: tritopp Berlin; Uta Bettzieche,
Barbara Schumann

Layout und technische Umsetzung: tritopp, Berlin

Bildquellen:
S.33 Fotolia © Thomas Zagler
S.35 Shutterstock/Erni
S.63 Fotolia © Kenneth Keifer

www.vwv.de

1. Auflage, 3. Druck 2022

Alle Drucke dieser Auflage sind inhaltlich unverändert
und können im Unterricht nebeneinander verwendet werden.

Druck: Athesiadruck GmbH

ISBN 978-3-06-083650-5

PEFC zertifiziert
Dieses Produkt stammt aus nachhaltig
bewirtschafteten Wäldern und kontrollierten
Quellen.
www.pefc.de

PEFC/18-31-166